Equipaje de amor para la tierra

Rodrigo Rubio

Equipaje de amor para la tierra

Novela

Premio Editorial Planeta
1965

Planeta

Editorial Planeta, S. A., Córcega, 273-277, Barcelona-8 (España)

1.ª edición: diciembre de 1965
2.ª edición: diciembre de 1965
3.ª edición: diciembre de 1965
4.ª edición: diciembre de 1965
5.ª edición: diciembre de 1965
6.ª edición: diciembre de 1965
7.ª edición: abril de 1966
8.ª edición: mayo de 1966
9.ª edición: marzo de 1967
10.ª edición: diciembre de 1967
11.ª edición: diciembre de 1968
12.ª edición: abril de 1970
13.ª edición: abril de 1970
14.ª edición: setiembre de 1971
15.ª edición: setiembre de 1972
16.ª edición: noviembre de 1972
17.ª edición: enero de 1974
18.ª edición: marzo de 1974 (edición especial para Club Planeta)
19.ª edición: octubre de 1975
20.ª edición: marzo de 1976 (edición especial para Club Planeta)
21.ª edición: mayo de 1976 (edición especial para Club Planeta)
22.ª edición: setiembre de 1976 (edición especial para Club Planeta)
23.ª edición: enero de 1977 (edición especial para Club Planeta)
24.ª edición: enero de 1978 (edición especial para Club Planeta)
25.ª edición: diciembre de 1979 (edición especial para Club Planeta)
26.ª edición: mayo de 1981 (edición especial para Club Planeta)
27.ª edición: setiembre de 1981 (edición especial para Club Planeta)
28.ª edición: marzo de 1982 (edición especial para Club Planeta)
29.ª edición: setiembre de 1982 (edición especial para Club Planeta)
30.ª edición: diciembre de 1982 (edición especial para Club Planeta)
31.ª edición: enero de 1983 (edición especial para Club Planeta)
32.ª edición: abril de 1983 (edición especial para Club Planeta)
33.ª edición: junio de 1983 (edición especial para Club Planeta)
34.ª edición: enero de 1984 (edición especial para Club Planeta)

Depósito legal: B. 37824-1983

ISBN 84-320-0032-9 colección completa
ISBN 84-320-0014-0
ISBN 84-320-5218-3 primera publicación

Printed in Spain - Impreso en España

«Duplex, S. A.», Ciudad de la Asunción, 26-D, Barcelona-30

A R. M., en quien he pensado al escribir este libro, y cuya muerte —en un frío invierno alemán— me estremeció como un tremendo latigazo dado por sorpresa.

«Hay golpes en la vida, tan fuertes...»

CÉSAR VALLEJO

NOTA PRELIMINAR

Creo, sinceramente, que este pequeño preámbulo es innecesario para la mayoría de los lectores. Va dirigido, por tanto, a unos pocos, a los más allegados a mí, a los que me conocen fuera del mundo de las letras. Son gentes que no leen, o que leen muy poco, pero que ahora —y esto es paradójico—, se entregarán con entusiasmo a leer mi novela.

De todas formas, una vez puesto a la máquina, es posible que la presente nota se extienda, dirigiéndome también al público todo, en donde creo que entrarán por lo menos algunos de los que, antes de publicarse la obra, se han echado las manos a la cabeza y han puesto, un poco a la ligera, cierto tono de alarma en sus comentarios informativos.

A los primeros tengo que decirles, y con energía, que no quieran ver lo que, en un principio, quizá les parezca su propio mundo, algo de ellos. Es verdad que la obra nace a consecuencia de un hecho real, algo, naturalmente, que la empuja a servir mejor de testimonio; pero es necesario saber que poner el pie en una parcela conocida, en un trozo de terreno bien delimita-

do, no es seguir siempre por unos campos pertenecientes a un mismo dueño. Se sale a la tierra, a un camino, y luego surgen ante nosotros otras tierras y otros caminos. No sé si hablando así lo comprenderéis bien. Un hecho no es sino el principio que lleva a conocer otros cuando se tiene interés por ellos. Juan, el muchacho que muere, puede ser, en un principio, el hombre que vosotros, mis conocidos, suponéis; ahora bien, Juan, en toda su dimensión, puede ser ya —y lo es— otros hombres como él. Así también, la madre es una mujer que puede ser, a la vez, madre de cualquier otro joven como Juan. Hemos salido a un camino, y el camino nos ha llevado a un mundo, y ese mundo es ya de todos. En ese mundo hay otros Juanes, y el que ha muerto puede ser, en muchas ocasiones, el que aún está vivo.

No se ha dado un solo caso como éste que sirve de arranque a mi novela. Otro, muy parecido, me empujó también —y creo que con más fuerza— a escribir esta historia, que no es —quede bien claro— la de una familia determinada, sino la de una familia cualquiera puesta en la situación y rozada por los acontecimientos que trajo consigo un tiempo que nosotros, mirándolo objetivamente y siendo sinceros, debemos reconocer como auténtico, real. Otro de estos casos me ayuda, una vez enfrascado en la narración, a crear el drama que encontraréis en EQUIPAJE DE AMOR PARA LA TIERRA. *Un hombre joven pudo ser traído por los familiares a nuestra patria; otro tuvo que quedarse allí, aunque los brazos de su novia querían, como los de la madre de Juan, cargar con él para darle sepultura en nuestra tierra querida y caliente. Y una tercera persona —un hombre de cincuenta años—, que también cerró los ojos bajo cielos grises, fue traído al pueblo donde le esperaban la esposa y siete hijos, uno de los cuales, por tener una mano amputada, ha vivido aquí en Valencia con nosotros, los disminuidos físicos de la Fraternidad Católica de Enfermos.*

Estos casos, y otros que hemos leído en la Prensa, pero que, por no ligarme afectos, no me han preocupado tanto, son los que han movido mi pluma. No era ya, por tanto, pisar un solo camino, sino adentrarse por varios caminos, todos ellos desembocando en un mundo que es, en definitiva, el que me importaba. La base, el inicio, no es, se comprende, más que una circunstancia. Lo que pueda tener de semejante en determinados momentos esta historia con la historia concreta de una determinada familia, no voy a decir, como escribimos al comienzo de otras novelas, que es pura coincidencia. Tendría que darse esa coincidencia en todo y yo aún defendería el mundo creado, que es, por contra, un mundo auténtico, pero no delimitado, sino amplio. Quede claro, pues, que los personajes de EQUIPAJE DE AMOR PARA LA TIERRA *no son éste o aquél, sino éstos y otros, porque en la misma persona concurren, cuando se crea, cuando le damos forma literaria, la vida de otras muchas personas. Y lo mismo pasa con el ambiente: la situación que planteamos para mover a unos personajes corresponde, en ocasiones, a su mundo propio, pero otras veces al mundo de los demás, que no es distinto, sino exactamente igual, porque hay un mundo para millares de seres, y esos seres, aun siendo distintos, tienen forzosamente algo en común.*

Y para todos en general —rematando ya esta nota que se hizo larga— he de afirmar que no se alcen las palabras ni las plumas sin que antes se piense un poco en toda esta vida que con sinceridad y sencillez me he lanzado a escribir. Cada cual puede opinar como quiera. El libro es público y va dirigido a todos los públicos. A unos les puede gustar mucho y a otros quizá muy poco. Contentar a todos es difícil. Pero un escritor que piense en su obra, que sea sincero, que se entregue de verdad a su trabajo, no puede pensar en éste o en aquél, en si va a complacer a unos y a disgustar a otros. Entonces no sería lo que él se ha propuesto ser. Y lo más importante para el que escribe —y me atrevo a decir que también para los lectores—, es que sea siempre fiel a sí mismo. La honradez es una rara y buena virtud que, a todos, cuando la advertimos en los demás, nos gusta agradecer.

En EQUIPAJE DE AMOR PARA LA TIERRA *hay algo más que la semejanza con la vida de unas personas, y un poco menos de "ese algo oscuro" que algunos, antes de tiempo, han querido ver. En esta novela nos encontraremos —os encontraréis— con una vida, con un mundo que ha rozado a muchos con un viento que, ¡ay!, no fue, por desgracia, demasiado suave. Todo lo demás no es sino mera circunstancia.*

Valencia, octubre 1965 R. R.

I

NO SÉ POR QUÉ he tomado de nuevo este montón de papeles. A ver, hijo, para qué le doy vueltas a este montón de palabras que me hacen tanto daño...

—Estoy bien, madre. Hace unos días me atacó un poco ese dolor, del que ya les hablé. Pero no será nada... Ella me cuida. El chiquillo se cría hermoso. Si esto mío no fuese nada... Me hubiera gustado poder casarme con Luisa. Nunca creí que llegase a quererla como la quiero, madre. Pero su marido es joven, y seré yo, seguramente, el que muera antes...

Tomar este papel es tirar nuevamente de las lágrimas, aunque no sé cómo no tengo ya los ojos secos. ¿Cuántas veces he mojado ya con mis lágrimas las frías losas de este hospital? Y también las calles, esas desconocidas calles de adoquines húmedos, de edificios grises, ennegrecidos, con cientos de rótulos que yo no puedo entender aunque lea sus letras. He tenido que salir para gestionar algunas cosas. Mejor que ella me hubiera ayudado. No sé por qué se ha ido, apenas saber que ya no eres más que un cuerpo frío. Ella, lo mismo que tú, había aprendido unas cuantas palabras de esta maldita lengua. Hubiera podido ayudarme. Pero dijo que ella tenía la culpa, y se fue, sin apenas mirarme.

...Lo peor de todo fue el otro día. Sufrí de nuevo ese fuerte dolor en el pecho y vomité un poco de sangre. Pero no te alarmes, madre; ni tú, padre; ni tú, Ángeles; ni tú, José Antonio. Sabéis que ahora existen medicinas estupendas y en este hospital estoy muy bien. Los compañeros vienen a verme, y entonces hablamos de España, emocionándonos. Ellos me dicen: "Verás si te pones pronto bueno, Juan", y me palmean cariñosos en los hombros, y luego me dejan algunos dulces. Han venido incluso varios de los que me trataban muy poco allí en la fábrica. Yo les agradezco mucho estas visitas. Luisa los acompaña luego por la sala y los pasillos del hospital hasta la puerta de la calle, y después, ella vuelve y me coge una mano y llora, diciendo: "Tenía que haberle escrito a mi nena, pues hace tiempo que no sé nada de ella". Yo pienso entonces en nuestra ciudad, y en la calle donde está nuestra casa, y también cómo, primero de broma, luego en serio, me lié con ella, con la Luisa, y en cómo después, cuando Encarna, mi novia, se puso a rabiar por los celos, decidí venirme a Alemania, y pienso también, a continuación, y en estos instantes mientras Luisa mienta a su nena, en el día que me la vi aparecer por la puerta de la fábrica,

que no me lo creía, madre, pero era verdad, y fue Ángel, mi amigo, el que la vio antes que yo y dijo: "Mira quién tienes ahí", y entonces, al mirar, al verla a dos pasos de mí, se me cayó el soplete de la soldadura al suelo, y luego me quité la careta a trompicones, nervioso, con temblor en todas mis carnes, y fui en derecho a ella y la abracé, y no sé cuánto tiempo estuvimos abrazados, hasta que vino el encargado y dijo: "Su mujer, ¿eh?", sin que yo apenas le escuchara, cogido como con desesperación al cuerpo de Luisa, que demostraba quererme, aunque no era lícito que (los dos lo sabíamos) me quisiera, ni yo a ella, teniendo marido y una nena de ocho años. Pero estaba allí, y yo tengo que recordar muchas veces ese momento, y lo recuerdo mucho más ahora, cuando después de irse algún compañero de la fábrica ella y yo nos quedamos solos y noto el apretón de sus manos sobre las mías, delgadas y sudorosas por la fiebre, al tiempo que veo sus ojos un tanto húmedos. Pienso muchas cosas entonces, y me creo que estoy verdaderamente mal, porque deseo dejar la cama y volver a la fábrica y a nuestro cuarto de la barraca. Pero no puedo y ella dice: "Ya saldrás de aquí, no te preocupes", y la verdad es que, si esto, el dolor, no..., en fin, que a lo mejor no sé si... si saldré y perdonad todos que os hable así, pero estoy escribiendo esta carta en un día lluvioso y frío del invierno alemán. Por eso quizá escribía con esta sinceridad que debiera guardarla, o romperla, antes de permitir que me empuje a contaros cómo estoy. Ya lo sabéis. Pero no vengas, madre, como has dicho. No sabes lo que es esto, no tienes idea...

Estoy releyendo la carta, ya ves. Tú decías que no viniera. He venido y ya no hacías más que mirarme con tus grandes ojos negros de moribundo. Ya no me hablabas. ¿Dónde estaba tu voz de muchacho de veinticinco años? ¿Qué habías hecho de tu alegría? ¿Por qué ocurre todo esto, Juan? No vivíamos tan mal. Podíamos haber seguido como hasta que tú dijiste que te venías a Alemania.

—¿Te vas a Alemania? —te preguntó tu padre.

—Sí, me voy —contestaste—. Con Ángel Castro, mi amigo y compañero de taller.

—Pero si tú estás bien aquí, si con lo que ganas y algo que te daremos nosotros ya puedes poner la casa y casarte...

Tú mirabas a padre. Padre aún añadió:

—Encarna dice que podéis vivir en su casa. En cuanto se case su hermano, tú sabes que se quedan solas ella y su madre. Estaréis bien.

Dijiste:

—Bueno, a lo mejor estábamos bien, como tú dices, padre. Pero yo...

—¿Qué?

—Me iré.

—No lo entiendo.

—No lo puedes entender. Tú siempre te has conformado, viviendo de cualquier manera. Yo quiero ahorrar dinero, como otros que se van hacen. Además, hay otra cosa que...

Te habías empeñado en irte. Antonio, tu padre, me dijo luego que tu deseo de marcharte era "por esa otra cosa que había..."

—No es sólo por ganar dinero. Juan está bien liado y se ve que quiere...

—¿Te refieres a lo de Luisa?

—Sí, a eso.

Entonces empecé a pensar en esa mujer. De modo que os habíais liado a base de bien. Yo me esforzaba para creerlo. Pero en el barrio era ya la comidilla de todas las porteras y las vendedoras del mercado.

—Ya veis, Luisa, la templada ésa, con un marido tan "apañao" como el que tiene y se lía con el loco de Juan.

—¿Con ese que trabaja en los talleres Cebrián?

—Con ése.

—El chaval es majo.

—Un golfante, eso es.

Hablaban de ti y yo lo sabía. Y tus hermanos lo sabían, pues en más de una ocasión fue José Antonio, el crío, el que me dijo que había oído a las mujeres en la calle murmurar de ti. Yo me disgustaba, y tu padre parecía otro hombre. Me daba la impresión de que al salir a la calle, al ir al bar a tomarse un café y leer el *Marca*, se avergonzaba un poco.

—El muchacho es la comidilla del barrio —comentaba luego conmigo—. No sé cómo se me pone de jaleos con esa mujer casada.

Yo estaba con un genio de mil demonios el día que tu padre me dijo estas palabras por primera vez, y por eso le solté:

—Porque esa mujer es una zorra. Ella tiene la culpa de todo. Su marido trabaja y pueden vivir, pero prefiere ir a hacerles la manicura a los señoritos. Esa mujer no me gusta, Antonio: se ha fijado en Juan y lo destrozará.

—Bueno, ya veremos qué se hace —dijo tu padre, y su aparente tranquilidad me irritó más.

Encarna sospechaba de ti. Ibas a verla poco. Tú decías que siempre estaba de morros, y que tanto ella como su madre lo que querían era dominarte. Y entonces te reías, diciendo que estaban frescas si pensaban dominarte a ti. Y seguías haciendo lo que te daba la gana.

Yo ahora, parece que te veo salir del taller, tomar tu moto y escapar como una exhalación por las calles recién asfaltadas, llenas de sol, de nuestro barrio. Venirte aquí, a esta enorme ciudad de Düsseldorf, sin apenas sol, con estos edificios que parecen como envueltos por los oscuros crespones de un luto eterno, era ya morir, Juan. Tú tenías que morir aquí. Nuestro barrio siempre está lleno de sol. Yo iba al mercado y Ángeles se quedaba arreglando la casa. Ponía la radio, cantaba. Tu padre se había ido a la obra, y José Antonio a la escuela. Sobre las nueve, si yo no había pasado por el taller, tú tomabas la moto y en un momento te presentabas en casa. Tocabas el timbre desde abajo, me asomaba yo, o Ángeles, al rellano de la escalera, preguntábamos si eras tú, y tú decías que venga, el almuerzo a escape. Bajaba la nena, y tú te ibas a la puerta del bar de Pedro, sentándote en una silla de railite, y allí, mientras mordías tu almuerzo, hablabas con los compañeros, con Ángel, que no sé hasta qué punto te envenenó también para venirte a esta Alemania que ojalá no existiera.

Yo subía con la cesta de la compra. El saludo a la portera, la conversación con Ramona, la del primero, el encuentro con Pepi, la chica recién casada, tan vergonzosilla, que vive enfrente de nosotros, en el mismo rellano, y a la que tú, un día, le dijiste algo que no le gustó, y yo, luego, me disculpé como pude. Llamaba a Ángeles si la cesta pesaba mucho, y luego, las dos, metíamos las cosas en la nevera y en la despensa.

—¿Voy por hielo, madre? —preguntaba ella.

—Bueno, sí. Tráete media barra.

Y se entretenía en el quiosco donde venden revistas, tebeos, tabaco, cromos y chiclés y la dueña arregla puntos de media mientras, sin moverse de su cuchitril, se entera de todo lo que ocurre en el barrio.

...No debes venir, madre. Luisa me cuida. ¿Veis alguna vez a su marido? Me inquieto ahora, cosa que nunca me había pasado. La nena está con la madre de él, me han dicho. Luisa se acuerda estos días de ella. Luego vivirá también con nosotros, dice, y así Juanito ya tendrá una hermana, añade...

La calle siempre llena de sol... Pasaba un trapero, gritando. Luego, el camión que descargaba, suavemente, con unos garfios que se mueven por medio de una manivela, las grandes pipas de vino a la puerta de las Bodegas Hoyos. Pasaban los camiones que llevan yeso, ladrillos, cemento, hierro y viguetas a las obras, uno de ellos conducido por tu padre. Me asomaba yo a la ventana. Antonia, Serafina, Remedios, Asunción, Rosita y Mercedes, las vecinas que viven en las casas bajas de enfrente, ya están de charla. Ellas son las que me han dicho una y otra vez:

—¿Pero es que no se da cuenta, María? Juan está loco por esa mujer.

Todo permanece un tanto tranquilo todavía, y yo les digo y me digo a mí misma:

—¡Bah! Serán ganas de requebrarla un poco...

Tú estás siempre alegre. Vienes a mediodía. Viene también tu padre. Llega José Antonio. Ángeles trae el hielo, pero también una revista, *Sissi,* por lo que luego tengo que decirle muchas veces que ya está bien de leer todo eso de príncipes azules, empujándola incluso, tanto con los brazos como con las palabras "hala, venga, vamos", para que ponga la mesa. Tú habías entrado un momento en el bar de Pedro, pues notaba que te olía la boca a cerveza y almendras fritas. Tu beso dejaría en mi frente, por un instante, ese regusto al vermut precipitado.

Tu padre me decía;

—¿Qué, bien?

—Bien —le contestaba.

Luego empieza a hablar, como casi todos los días, de la finca que construye Moraga. Iban ya por el sexto piso. Nuestro barrio estaba cambiando a pasos de gigante. Cuando nosotros vinimos a vivir aquí, las calles no estaban asfaltadas, y entre edificio y edificio había pedazos de tierra, desmontes, basureros, por donde, en todo momento se veían vagabundos, traperos, vendedores de chucherías para los chiquillos que al salir de la escuela se detenía a jugar. Ahora ya no es conocido. Y yo me alegro. Padre solía decir:

—Creo que acertamos al venirnos a vivir aquí.

Ángeles salía luego, por la tarde, con su bastidor, para ir a casa de Rafaela, a aprender a bordar. Yo la veía tomar sus revistas, que hablaban de muchachos guapos, pero ¿qué iba a hacer? En casa de Rafaela hablaban de chicos, de dónde había estado el domingo, de películas y artistas. Yo le decía:

—Tienes que contarme a mí todas las cosas antes que a nadie, Ángeles.

Pero que si quieres. Tú tampoco me contabas mucho, a veces nada. Por eso suspiraba y me decía: "¡Ay, los hijos...!"

—¿Qué quieres? —decía tu padre—. Ellos viven otra clase de vida, y se creen que nosotros no podemos entenderlos. ¿Te das cuenta de José Antonio? Va el primero de su clase, el crío...

Luego, padre te miraba a ti. Ya habías dicho que te ibas. Por eso, la noche que viniste con Ángel, para hablar otra vez del dichoso viaje, sobre el pasaporte, sobre cosas que nosotros no queríamos escuchar, padre me dijo después que era verdad, que te ibas, que no nos quedaba más remedio que aceptar tu decisión y desearte suerte el día de la marcha. Ibas a dejar de vernos, y de ver el barrio, nuestra ciudad, tantas cosas...

...No lo puedo remediar, madre, pero ahora me acuerdo de todo: me acuerdo mucho del bar, de los vermuts que nos tomábamos los sábados padre y yo. A veces te subíamos a ti un botellín de Cinzano y unas gambas saladas. Ángeles y José Antonio venían a llamarnos, y sus palabras ("Venga, que la comida ya está en la mesa") me resuenan en los oídos como si me las estuvieran diciendo de nuevo o como si alguien me las trajese, por un empujón, desde tan lejos... Y también me acuerdo del taller, y del señor Cebrián, el jefe, aunque bien es verdad que muchas veces lo he maldecido, porque nos explotaba, como suelen hacer casi todos los jefes o patronos, incluyendo a estos alemanes que sonríen pero que no ríen... Madre, estoy bien. Ha venido Luisa y... ¿Qué quieres que te diga? Me he alegrado. Yo le había escrito a Encarna, como todos sabéis, diciéndole que no se apurase, que lo mío con la casada había terminado al venirme aquí. Y ahora... No sé por qué pasan estas cosas. Padre, tú eres hombre y por tanto debes comprenderlo bien. Yo la miraba y le decía cosas así con ímpetu, como si, sólo con los ojos, me la fuese a... a comer, sí, y ella, ¡qué sé yo!, me decía gamberro y tal, pero se ve que le gustaba que yo fuera con requiebros. Luego he pensado que le hacían falta muchas cosas. Entonces yo no pensaba nada: sólo me

decía "verás ésta, verás la jacota, verás la elementa... Como se me ponga a tiro..." Ahora está aquí, a mi lado, y me dice "a ver qué escribes, Juan, ¿puedo leerlo?", y yo le dejo la carta y ella sonríe un poco, pero también es verdad que se pone triste, apretándome las manos con las suyas. Luego, ella me deja para hacer una comida como las de España, por lo menos en intención, y yo la veo andar por nuestro cuarto de la barraca y ya no sé si soy capaz de pensar en ninguna otra mujer. Por eso tenéis que haceros a la idea de que ella me quiere, y no penséis que está a mi lado por sacarme el dinero, como sería fácil suponer. Ella también se sacrifica, pues al igual que yo, trabaja.

Toco todos estos papeles que me he traído como si ya, antes de subir al tren, presintiera que tu voz había muerto para siempre. Le dije a padre:

—Me voy, que nuestro hijo se muere.

—Calla, por Dios —dijo él—. Morirse...

No pudo convencerme, ni se convenció a sí mismo, de que lo tuyo no sería nada.

—Se muere— repetí—. Creo que se muere, y debo irme.

Me miraba. Tenía temblor en los labios, se le nublaban los ojos.

—No... No lo digas. Ve, márchate ahora mismo, si quieres; pero no lo digas, no...

No sé si me oirías gritar por estas salas, por este hospital que huele a yodo y a patatas y verduras hervidas. Le he dicho a ella:

—Vete, anda, vete, que lo has matado.

Echabas sangre a borbotones por esa boca que ella ya no quería besar.

Dije a los médicos:

—Se muere, y es mi hijo. Es Juan, mi hijo Juan, de veinticinco años.

Y pensé que naciste justamente el 28 de marzo de 1939, cuando terminaba la guerra de España. Repetí, casi sin voz:

—Veinticinco años... Tiene veinticinco años...

Pero los médicos no me entendían. Menos aún cuando, sin que mis ojos vieran nada, hablé de fiestas, de músicas con ritmos alegres, con compases de marchas triunfales, y hablé de una primavera en la que habían surgido enormes carteles por todos los campos y caminos, como flores gigantes, como voces que acariciaban o herían, como manos de hombres escondidos que te ofrecían algo ganado hacía ya mucho tiempo. Dije aún:

—Veinticinco años...

Y luego vi nuestras carreteras, y nuestros campos; pero al instante no pude ver sino la sangre, aquella sangre oscura, caliente y enferma, que se te escapaba por la boca. Grité:

—¡Juan! Juan, no te muer...

¿Para qué gritar? Ella, Luisa, volvió poco después, y al verte muerto echó a correr por los pasillos del hospital, y ésta es la hora en que aún no ha aparecido. Para mí sigues siendo el mismo, y si ya no puedo llevarte vivo, te llevaré muerto; te llevaré a nuestro país, a nuestra ciudad, y quizá ni siquiera llore más. Tengo que ser fuerte, Juan. Luego, cuando estés enterrado, cuando duermas entre la tierra de nuestro cementerio, ya te lloraré, pasándome junto a tu lápida las largas tardes de los domingos.

II

Serafina estaba junto a mí, en la calle, cuando el cartero me dio tu última carta. Preguntó si era tuya y le dije que sí, y entonces me animó a que la abriera allí mismo. Ni ella ni otra vecina sabían que tú estabas tan mal. Nos guardábamos de decirlo. Esto parecía absurdo, pues no son mala gente los vecinos. Pero creíamos, fíjate, que se iban a alegrar. A veces se piensan estas cosas. Creíamos que alguien iba a decir que todo era por andar por malos caminos. Temíamos la murmuración y nos dolía el que alguien pudiera alegrarse de nuestro dolor. Tú habías enfermado. No era el primero que enfermaba en Alemania. Incluso te diré que a mí no me sorprendió. A padre le había dicho algunas veces que no eras muy fuerte, que no sabríamos cómo te iba a probar la vida en Alemania, donde nos decían que las comidas eran insoportables y además hacía muchísimo frío.

—A lo mejor lo pasa mal.

—Si no se hubiera ido... —murmuraba él.

Te habías ido, y ahora estabas enfermo. Serafina dijo:

—Se pone usted blanca, María. ¿Qué le dice su Juan?

No le contesté. Subí la escalera precipitadamente. Angeles se alarmó, preguntándome:

—Madre, ¿qué te pasa?

Me había sentado en una silla de la cocina. José Antonio entró con su cartera de colegial y no se atrevió a darme un beso. Tu padre, delante de mí, no tenía entonces cuarenta y ocho años, sino ciento o más de ciento. Y yo también era una vieja. Los dos éramos, de pronto, dos inútiles ancianos. Nuestro hijo mayor, tú, tampoco eras el muchacho de ojos grandes, vivarachos, de aire desenvuelto (tus gestos, toda tu persona), que todos los mediodías me daba un beso con sabor a cerveza y a almendras fritas. Ibas camino de la muerte, una muerte que yo vi aparecer, en forma de carta, de mudo pero al mismo tiempo gritador papel, momentos antes por la calle. La muerte era todo ya, porque tu carta nos hablaba de dolor, un dolor que, si te mataba a ti, nos asesinaría también a todos nosotros. Padre miraba el papel, temblando entre mis manos enrojecidas...

...No, no vengáis ninguno. Esto pasará. Sé que no debiera escribiros, por lo menos contándoos estas cosas; pero aunque no dijera nada, sólo con ver mi letra comprenderíais que no estoy bien. Ahora mismo me gustaría teneros aquí, pero no vengáis. Me pondré bueno. Luisa viene a mi lado, aunque no todo lo que yo quisiera, pues ha de cumplir con su trabajo en el hotel donde está colocada. Tengo temblor en mis manos

ahora, y la letra que siempre la hice tan bien, ya veis cómo me sale...

Padre apretó los puños y murmuró:

—No, ¡no!

Le miré, y entonces me pareció que era no ya un anciano inútil, un ser acabado, sino un esqueleto, algo sin carne, sin sangre, hasta que, después, poco a poco, pude ver su figura normal y le dije:

—Tengo que irme, Antonio; Juan se va a morir.

Entonces, el chiquillo, tu hermano, bajó corriendo la escalera y se lo dijo a Serafina, y Serafina no pudo callarse, y así, al rato, nuestra casa se había llenado de gente, y en las tiendas, en el mercado, y todas las porteras, y la mujer del quiosco que vende tebeos y chucherías y coge puntos de medias, y los muchachos de los talleres, los que te conocían y los que no, o sólo de vista, supieron que ibas a morir porque yo lo dije y José Antonio, tu hermano, lo había oído, y gritándolo como enloquecido, como si le hubiera dado no sé qué repentino ataque, salió a la calle, por todo el barrio.

Me ayudaron a preparar la maleta. Rafael, el marido de Pepi, que tiene amigos en la Jefatura de Policía procuró que mi pasaporte estuviera a punto lo antes posible. Y me vine hacia aquí. Durante el viaje, en los trenes, hablé de ti. Me encontré con mujeres que también iban a cruzar la frontera, con muchachas que venían a Francia a servir. Yo sentía un gran dolor. Ellas, no sé si porque iban varias, estuvieron mucho rato cantando. Luego se juntaron con chicos, y todos juntos cantaban y bebían vino de botas que ellos llevaban. Después, yo tomé un tren y los jóvenes otro. Dejé de ver a aquel grupo de hombres y mujeres que parecían buscar, en las canciones y en el vino, una alegría que poco a poco se les iba escapando. Pensé entonces que tú quizá también habrías cantado al venirte hacia Alemania. Ángel y tú erais muy alegres. Os juntaríais con otros chicos, y todos, como hicieron éstos, cantaríais alegremente viejas y nuevas canciones españolas.

¿Cómo puede cambiar todo en tan poco tiempo? Pensaba si había derecho a que ocurrieran cosas así. No sé si porque no he sido nunca buena creyente es por lo que, muchas veces, me ha parecido un tanto arbitrario el orden de las cosas. No he llegado a comprender nunca por qué Dios, si es Él, como dicen, quien dispone y ordena todo, consiente que ocurra algo tan terrible como era para mí, por ejemplo, saberte gravemente enfermo en un país lejano, frío, extraño.

No podía decirle a nadie que iba a verte, a ver a un hijo de veinticinco años que se me estaba muriendo. Pensaba en toda nuestra vida. Tu padre y yo habíamos peleado mucho. Nos casamos en guerra. En Madrid vimos entrar las tropas nacionales. Tu padre era guardia de Asalto y lo encerraron. Tú eras un recién nacido. Yo iba a verlo a la cárcel. Daba miedo la vida entonces. La guerra había convertido en algo triste ese Madrid, de nuevo alegre al pasar varios años. La tristeza del tiempo de lucha parecía agarrarse aún al asfalto de las calles, al cemento y yeso de las paredes. Llegué a temer por la vida de tu padre. Entonces había gente sin escrúpulos que denunciaba sin ton ni son, a veces por congraciarse con las autoridades del nuevo régimen. Antes, claro, había ocurrido igual. Ahora, unos por represalia, otros, como digo, por hacerse simpáticos al nuevo Gobierno, decían que éste ha sido esto y aquello y lo detenían, y así las cárceles se fueron llenando hasta no caber un alma más.

Padre fue un hombre honrado, pero se puso al lado del Gobierno que consintió cosas que repugna recordar, y sólo por eso podía pasarlo mal. Tú te criabas enclenque. Habíamos pasado unos malos años, y entrábamos en otros también malos. Tenía que llevarte a todas partes: a la tienda cuando iba por el racionamiento, a la tahona, a la carbonería, pues vivía completamente sola en una buhardilla de la calle de Buenavista, cerca de Atocha. Vivía pendiente de las noticias que me pudieran decir algo de los presos: si soltaban a unos, si iban a juzgar a otros... Con el alma en un hilo siempre, como suele decirse.

Me acordaba de nuestra vida llena de zozobra, de todos aquellos años, cuando éramos recién casados. El tren me llevaba por tierras de Francia hacia donde tú ibas a morir, y pensaba en aquellos años ya lejanos, cuando tu padre y yo nos conocimos en la pequeña capital de provincia. Ya había empezado la guerra, y mis padres, tus abuelos Juan y Ángela, murieron antes de que acabara la contienda. Tu padre era un muchacho alto, que me impresionaba un poco al verlo con el uniforme de guardia. Luego, cuando empezamos a tratarnos, me gustó, y llegué a encontrar un gran apoyo en él.

Venía a casa y las gentes, por eso, empezaron a hablar —y no bien— de mí. No me importaba. Yo era una muchacha decente, vestida de luto, que lloraba por sus padres muertos, que iba al cementerio y se quedaba mucho rato sentada junto a los dos lomos de tierra, debajo de los cuales estaban los que, enfermos desde hacía años, murieron casi en las mismas fechas, quizá por la impresión de un bombardeo en el que nuestra casa quedó medio hundida. Aquel día tuvieron que ayudarnos los guardias de Asalto y los soldados. Había sonado la sirena de alarma y yo empujaba a mis padres para que bajasen a la cueva, único lugar que podría servirnos de refugio. Pero no se movían de la sala. Nuestra casa, en las afueras de la ciudad, era pequeña, blanca, con un corralito donde teníamos gallinas, conejos y un cerdo. Aquel corral quedaría convertido en un hoyo y montones de escombros después del bombardeo. Cerca de casa, orilla de la carretera, estaba el cuartel y unos depósitos de material de guerra. Por eso bombardeaban de vez en cuando. Mi padre era diabético, y la abuela sufría, desde toda la vida, creo yo, una lesión pulmonar. Yo los cuidaba. Habían pasado muchas necesidades. Él, maestro de escuela, tuvo que retirarse por enfermo. Yo había empezado a estudiar magisterio también. No pude seguir. Lo dejé para más adelante. Pero más adelante vino la guerra, es decir, antes de que pasara aquella pausa que me había tomado en mis estudios. No nos creíamos que estuviésemos envueltos en una lucha fratricida. Era verdad, sin embargo. Los mozos de la ciudad se iban a las trincheras. Por las calles pasaban camiones cargados de aquellos muchachos que cantaban, estremecidos, sin embargo, por el miedo que no podían ahogar. Durante unos días hubo tiroteo por las calles y muertes en las carreteras. Tu padre aún no estaba en la ciudad. Luego, cuando vino y se fijó en mí, yo, después de vencer el casi temor que me inspiraba verlo con el uniforme, me sentí como si tuviera el convencimiento de que habían empezado a protegerme.

El día del entierro del abuelo se portó muy bien conmigo. Sobre el ataúd iba extendida la bandera republicana. Yo rezaba en silencio, y él, a mi lado, sujetaba a la abuela, que ni siquiera lloraba, mirando hacia donde yacía su esposo, como si ya, poco antes, hubieran acordado verse los dos de nuevo en no sé qué lejano y eterno lugar.

Lloré mucho por aquellos meses. Sabía que no estaba bien recibir a Antonio en casa, viviendo sola. Pero tenía la conciencia tranquila. Él me traía suministros del cuartel. Yo no me había preocupado de arreglar el corral para criar nuevamente animales con que alimentarme. Vivía sin ninguna ilusión, con los ojos húmedos siempre, y maldiciendo de aquella guerra que no se terminaba. Tu padre, es decir, el que poco tiempo después sería tu padre, al dejar el servicio venía a verme Yo me iba acostumbrando a sus visitas. Deseaba ya aquellas visitas. Mientras vivió la abuela, aún, pese a que ella ni siquiera hablaba, tenía alguna compañía. Luego, cuando también se marchó, la soledad, la tristeza de la casa sin los abuelos y medio destrozada por las bombas, me ahogaba. La hora del anochecer, cuando el solía venir, se hacía lejana, como si nunca fuese a llegar. A veces me preguntaba si es que le quería. Pero no sabía responderme. Él estaba allí, a mi lado, y entonces yo me encontraba bien, más segura, como libre de no sé qué entrevistos peligros.

Un día noté sus brazos alrededor de mi talle y me estremecí. Hice fuerza uara desasirme de él, quizá empujada por ese instinto de mujer que nunca ha sido ni rozada por un hombre. Estaba de pie junto a la chimenea de la cocina, de espaldas a él, y vencido ese primer impulso, comprendí que algo bueno, limpio, me acariciaba. Dejé que me fuese apretando. Comprendí que aquella noche no se iría ya, y un estremecimiento de temor pero también de felicidad me alteró la sangre.

—María, ya no nos separaremos —dijo.

No le escuchaba. Me había vuelto y teníamos los pechos juntos. A mi espalda había quedado el fuego, la lumbre mortecina. Noté sus brazos, la fuerza de sus brazos, estrujando mi cintura, y luego sus besos, uno, otro, más suavemente, como si todo su rostro fuese a hundirse dentro del mío. Me empujó blandamente luego hacia la alcoba, y desde entonces comprendí que, o había encontrado algo que me haría feliz o perdía todo lo que de valor me quedaba. No hablaba. Ni yo tampoco. Dolor y felicidad. Escondida bajo su cuerpo, con temblor de miedo, de angustia, y temblor por sentirme en él, con él. Luego, un pensamiento rápido, y estas palabras:

—Antonio...

—¿Qué?

—Si te vas y me dejas, me mataré.

Me miró.

—Nos iremos juntos —dijo él.

Había presentido, antes de aquella noche, que lo iban a trasladar pronto. Y así fue. Poco tiempo después se marchaba de Madrid.

—En cuanto me sea posible vengo por ti, y entonces nos casaremos, María.

—Esperaré un mes —le dije—. Si pasado ese tiempo no apareces, no me busques, porque ya no me encontrarás.

Era una muchacha triste, blanca, delgada, las ropas negras un tanto holgadas sobre mi esmirriado cuerpo. Iba al cementerio, al mismo tiempo que esperaba noticias de Antonio. Al fin supe que había estado buscando casa para vivir los dos en Madrid. Pero no me alegré. Madrid era un infierno, acosado por las fuerzas nacionales. En Madrid saqueaban y mataban a diestro y siniestro. Madrid podría ser nuestra muerte. Pero no quedaba más remedio que vivir allí. Y emprendí el viaje. Cuando llegué a la estación, el abrazo que nos dimos Antonio y yo no parecía tener fin.

—Te gustará la casa, verás —me dijo, andando ya por el andén.

—Ahora ya estoy contenta —le dije—. Tenía miedo de venir aquí, pero ese miedo, al verte a ti, ha desaparecido. No me has dejado —añadí—. Estamos juntos...

No me dejó. A los pocos días fuimos al Juzgado, a casarnos. Yo estaba ya embarazada de ti. Vivíamos con muchísima inquietud, pero con instantes también de felicidad. No estaba sola, tenía un hombre a mi lado, un hombre que me quería, que había engendrado un hijo en mí.

Luego, cuando poco después de oírse las trompetas del ejército vencedor se lo llevaron a la cárcel, recién nacido tú, yo grité y maldije y me sentí morir, pero él, con tranquilidad, dándome el último beso, me dijo que no llorase, que era natural el que se lo llevaran, pero que pronto estaría a mi lado.

Estuvo en la cárcel dos largos años, que a mí, con tanto viaje, con tanto mal presentimiento dentro del alma, me parecieron dos interminables siglos.

Cuando salió, tú, aunque delgado, desnutrido, ya podías andar cogido de su mano. Eras guapo, con los ojos negros y grandes, y yo le decía a tu padre que nos harías felices.

Ahora, cuando vas a cumplir —si los cumples— veinticinco años, voy a verte a una ciudad de Alemania, en donde trabajabas y, a juzgar por lo que dices —y por lo que no dices— en tu carta, has empezado a morir.

III

TE ESCRIBÍ UNAS LETRAS, precipitadamente. Recuerdo que ese día le regañé duramente a tu hermana, diciéndole que si no se daba cuenta, que si no comprendía lo que pasaba.

—¿Qué hago? —dijo ella.

—¿Tienes que estar siempre con esas revistas? ¿No puedes preocuparte un poco? ¿Es que no me ves que estoy llorando?

Tu padre tenía la cabeza gacha. La alzó un momento para decir:

—Tiene diecisiete años, María.

No le miré. Seguí escribiendo: "...Voy a verte, Juan. Dentro de seis o siete días, en cuanto esté el pasaporte, salgo para allá. Teníamos unas pesetas guardadas, parte de ellas del último giro que tú nos enviaste, así que puedo irme sin pedirle a nadie nada. Creo que llegaré a tu lado, pues preguntando se va a Roma. Podía ir en autocar, pero me gusta más el tren, además de que necesitaré moverme, andar por los pasillos, asomarme a la ventanilla y llorar mirando hacia las tierras extrañas. Pronto estaré contigo, Juan. Sé valiente".

Ángeles me abrazó.

—Madre, yo...

Tu padre dijo:

—¿Terminas ya?

—¿Qué quieres? —le pregunté.

Ni respondió. Dejó la silla y empezó a pasearse por el comedor. Entonces llegaron Serafina, Rosita y Mercedes.

—Le traemos estos dulces que hemos hecho en el horno.

Me emocionó un poco. Ellas parecen chismosas, despreocupadas, siempre en la calle, con los brazos cruzados, hablando de las novelas que oyen por la radio, de la "Noche de Estrellas" de la tele o de las películas que han visto últimamente, pasándose horas enteras ahí al sol, como si no tuvieran ninguna obligación, todas bastante jóvenes aún, con pocos chiquillos —las que los tienen—, con los maridos trabajando en fábricas, talleres u oficinas, siempre más de las ocho horas; estas mujeres, Juan, a las que tú muchas veces has llamado chismosas, y yo, aunque te reprendía, pensaba que estabas cargado de razón, han venido ahora a traerme unas magdalenas y unos rolletes para que te los lleve a ti a Alemania.

Aún, con todo a punto para irme a la estación, me pareció que desistiría del viaje. ¿Tendría fuerzas para realizarlo?

—¿Te vas por fin? —dijo tu padre.

—Preguntas tontamente siempre —murmuré.

—Bien. Vamos.

No quise que Ángeles y José Antonio salieran a despedirme. Tampoco permití que lo hicieran las vecinas. José Antonio bajó a la calle, lo abracé fuerte y no pude decirle que se quedara en el bar de Pedro porque, de haber hablado, me hubieran visto llorar. Ángeles se quedó con Pepi, que había dicho, una y otra vez, así como Rafael, su marido, que no me preocupara, que ellos mirarían por tus hermanos.

Estábamos tu padre y yo solos en la estación. ¿Para qué más gente?

—Bueno, a ver si nos escribes en seguida. Y...

—No digas nada —le dije.

Se quedó en el andén, diciéndome adiós con el pañuelo. Yo no veía a nadie, los ojos completamente humedecidos. Después me he preguntado cómo he tenido fuerzas para llegar hasta aquí, sola. Quería estar contigo, pero tampoco me los hubiera querido dejar. Las madres quisiéramos siempre partirnos en trozos, dar lo mejor que tenemos a cada uno de los hijos y al esposo. ¿Cómo lo pasarían ellos? Ya sabías que tu padre era hombre sereno, de pocas palabras, que ha sufrido mucho, que los padecimientos le sacaron las lágrimas, y le hicieron mirar siempre con calma aunque también, a veces, con un destello de rabia en sus cansados ojos. Ahora se quedaba allí, esperando noticias nuestras. Me había dicho que si aún escribieras tú... A cualquiera que me viese partir sola, a mí, mujer, podría extrañarle que él, hombre, se quedara. Pero era yo la que me encontraba con más fuerzas, además de que, muchas veces, he tenido que abrir brecha para salir adelante en determinados momentos, y no por ser tu padre un hombre incapaz, sino porque, casi siempre, llegados esos momentos difíciles, él solía estar ya muy cansado.

Esperaba que fueses tú el que escribiera, por lo menos parte de la carta. No ha sido así. He sido yo sola la que ha tomado la pluma, primero para redactar un telegrama, después una larga carta...

...¿Qué quieres que te diga? ¿Que voy a decirte, Antonio? ¿Cómo voy a contarte todo lo que ha pasado? Ella quizá lo quisiera de verdad. Ahora no puede verlo, así, con los ojos cerrados. Juan ha muerto. Juan estaba delicado, comía poco y mal y se acostaba todas las noches con esa mujer insaciable. Juan fumaba mucho, se cuidaba poco. Un día vomitó sangre. Tenía un pulmón deshecho. Ella no quería traerlo al hospital. Vivían en una habitación pequeña, en una de esas barracas de madera que hay cerca de la fábrica donde él trabajaba. Vivían otros muchos obreros en esas barracas, matrimonios, algunos no legítimos, y hombres solos, hombres maduros que se enternecían al recibir carta de la mujer y los hijos, y hombres jóvenes, que habían intentado ahorrar unos marcos; pero que, después, cansados por el trabajo, aburridos de las malas comidas, empezaron a salir los sábados para emborracharse lo mismo que se emborrachan estos alemanes que no quiero mirar a la cara porque a unos y otros, todos, incluso los españoles, a los que veo por aquí y más aún a los que no han tenido necesidad de salir de sus casas por-

que lo tienen todo, los considero un tanto culpables de esta muerte que nos ha robado a Juan, el hijo que nació cuando, por todas las ciudades de España, sonaban los clarines de un ejército victorioso. Él ya no ha podido tomar la pluma, y ella no está a mi lado. Quizá busque también la forma de arreglar los papeles para que yo me lleve pronto de aquí a nuestro hijo. O tal vez no quiera hacer nada. Estará con el pequeño, al que también quisiera llevármelo. Escribo yo, Antonio, mojando el papel con mis lágrimas, aunque, la verdad, apenas si he llorado. Tengo fuerzas. Mi cuerpo seco aún es fuerte. No sé cómo he podido resistir todo esto. Estoy en una habitación blanca, pequeña, junto al depósito donde yace, mudo para siempre, nuestro hijo. Éstas son las noticias que os mando, a ti y a los nenes, y a las vecinas que nos quieren. Tendrás que salir a la frontera española, porque necesitaré dinero. Llegaré hasta la raya de nuestro país, pero de allí no podré pasar con este equipaje de amor que se tragará la tierra. Busca dinero y sal en seguida hacia La Junquera. Yo llegaré hasta allí en una furgoneta. No entiendo nada de lo que habla esta gente, pero poco a poco lo voy arreglando todo. Dos amigos y compañeros de Juan me han ayudado mucho, y se vienen aquí conmigo en el momento que salen de la fábrica. Ángel me hubiera servido de mucho, pero no está en Düsseldorf. Se marchó a Stuttgart, cansado —les dijo a los compañeros— de trabajar de la forma que lo hacen la mayoría de los que vienen aquí, aunque sea por medio de los centros oficiales. Se marchó de la fábrica poco después de llegar Luisa.

Juan y él vivían en un mismo cuarto, y quizá comprendió que nuestro hijo quería tener a la mujer a su lado. Se fue. Ahora he pedido sus señas y le he puesto un telegrama. No sé si vendrá. De todas formas, quizá pueda salir pronto, pues me están arreglando todo para que así sea...

No sé qué pasaría en casa cuando recibieran la carta. Había escrito mucho, sin tapujos, pareciéndome casi increíble después que pudiera hacerlo, pues tuve que serenarme y adoptar una actitud bastante fría para ello. Era duro todo lo que tenía que decir. Tu padre, quizá, luego de leer la carta, aún pudiera permanecer algo sereno, después de tantos golpes recibidos ya a lo largo de la vida, pero los chiquillos... Los dos llorarían, qué duda cabe. Si aún no me explico cómo yo puedo estar aquí, a tu lado, con cierta serenidad. Verdad es que he gritado por todo este hospital; que he caído al suelo varias veces; que han tenido que asistirme los médicos, y que he ensuciado mis ropas, un temblor, un dolor enorme atenazándome, haciéndome temblar, al verte ahí, con los ojos abiertos, con vida aún, pero sin que pudieras decirme nada. Salí gritando hasta la calle y han tenido que darme calmantes y somníferos para poder descansar un poco. He ido luego a tu lado, tú ya con los ojos cerrados. No lloro, aunque presiento que lloraré mucho. Me duele algo ahí dentro, pero ese dolor no hace sino ahogar el llanto. He pensado en los que se quedaron en casa, en el momento que recibieran la carta, en las vecinas, y he pensado, sobre todo, en otras gentes, en las que no han tenido necesidad de moverse de sus ciudades, de nuestro país, porque las cosas les van bien, porque tiene buenos empleos, porque siempre vivieron con desahogo; he pensado en todos aquellos que, pese a no tener que sufrir como los que un día dejasteis el país, comentan con burla o ironía vuestra vida de aquí. ¿Qué saben esos imbéciles? He pensado en ellos, primero con rabia, con tristeza después. He pensado en los patronos españoles, en los Sindicatos, en el Instituto de Emigración, y he pensado en tu afán de querer ganar más dinero que ganabas en los talleres Cebrián. No te venías sólo por hacerle ver a Encarna que la querías y que te separabas para siempre de Luisa. Esto, con un poco de voluntad, lo hubieras conseguido allí también. No te venías tampoco como empujado por una broma de amigos. Parecías un tanto loco, bastante despreocupado, pero yo recuerdo las muchas conversaciones que has sostenido con tu padre, hablando sobre el trabajo. Hablabais de España, de Alemania, de jornales, de pesetas, de marcos... Tú parecías inquieto, con deseos de largarte donde fuera, con ganas de vivir mejor. Tu padre no te alentaba. Él ha sido siempre un hombre bastante conforme. Fue guardia, estuvo en la cárcel y luego vivió como aplastado, como si ya no tuviera alegría, dejándose llevar bastante por el ritmo que yo imponía en todo. Nos dedicamos al estraperlo, y yo era la que salía de casa, mientras él, enfermo, envejecido, se dedicaba a recorrer las tiendecitas y los mercados donde llevábamos el género, repartiéndolo poco a poco. Estuvimos viviendo bastantes años en Madrid, estrechamente, con sobresaltos, con penalidades, que tendré forzosamente que recordar, y luego volvimos a nuestra ciudad, que yo añoraba, porque en ella, unos años antes de la guerra, había vivido con ilusión y porque allí, en la vieja casa de los abuelos, tu padre me había querido, dejando en mi cuerpo la semilla para que nacieras tú.

Tu padre no sentía ya deseos de ganar dinero. Por eso te preguntó por qué te empeñabas en marcharte.

—¿Di, Juan?

—Padre, ¿crees que podré poner una casa y casarme con lo que gano en el taller? —le dijiste.

Sabíamos que no querías ir a vivir con la suegra. A mí me parecía bien. Y tampoco me parecía mal todo aquello que decías de que ya era hora de que un trabajador, cualquier trabajador español, pudiera montar su casa y casarse sin necesidad de trabajar doce horas. Y tú no querías estar metido en un taller todo el santo día, o trabajar en un sitio para luego ir a otro, como tantos hacen. Preferías marcharte al extranjero, que era la decisión que iban adoptando la mayoría de los obreros un tanto cansados de no poder llevar su casa holgadamente con el salario que ganaban.

—¡Salir al extranjero! —dijo tu padre.

—¿Y qué? Sacrificándose se pueden ahorrar unas pesetas. Lo hacen otros, ¿por qué no hacerlo yo?

Tu padre ya no quería hablar. Sus ojos se habían ensombrecido. Ángeles se había acercado a él para preguntarle no sé qué sobre un dibujo con errores. La rechazó. Ángeles había entrado de la galería y no estaba al tanto de lo que hablábamos. Por eso preguntó qué le pasaba a padre. Él miraba hacia la ventana, y fui yo la que le dije a la nena que lo dejara. Luego, él dijo:

—Vergüenza tendría que darles...

Y golpeó el banco de la cocina con el puño.

Os quedasteis callados. Yo dije:

—Bueno, ahora vamos a comer, y si habláis hacerlo de otra cosa. Llevamos cuatro o cinco días dale que dale, siempre con la dichosa marcha a Alemania.

Tú, luego, hablaste también de Luisa. Nosotros ya sabíamos hasta dónde habías llegado, y padre dijo:

—Mira, otra tenemos.

Pero no habló mucho. Estaba enfadado, como yo. Pero también es verdad que ni él ni yo podíamos ser demasiado severos. Pudimos regañarte a tiempo; no lo hicimos. Quizá porque, en el fondo, tú tenías mucha razón, toda la razón. Padre iba contigo al bar y allí, algunos hombres, quisquillosos, indiscretos, te hablaban, sonriendo, de esos amores entre Luisa y tú. Y padre oía, y padre, en vez de decirte que ya estaba bien de hablar de todo aquello, se callaba mientras removía el café de su taza con la cucharilla para disolver el azúcar, porque tu padre, Juan, casi se enorgullecía de que tú fueras, entre todos los jóvenes del barrio, el más decidido, el más arriesgado, ese muchacho con pinta y hechos de macho, que trabaja de firme en un taller, que tiene novia desde los dieciocho años y que ahora, a los veintitantos, cuando ya se habla de boda, se lía nada más y nada menos que con una mujer casada, de treinta años, hermosa aún, con buen tipo y con unas ansias de placer capaces de destrozar al hombre más hombre.

Dos cosas te empujaban a marcharte, y sobre las dos tenías razón, si eras sincero. Querías ganar más, vivir más dignamente, como debe vivir todo hombre que se destroza las manos con el trabajo, y querías hacer las paces con Encarna, demostrándole que tenías sentido común, que Luisa no te interesaba, que a la que querías era a ella, a tu novia. Por eso, bueno... Si te ibas... ¿Nos podíamos oponer de forma enérgica? Creo que no. Dos poderosos motivos te empujaban a marcharte, y nosotros debíamos comprenderlo y estar contigo.

Luego, fíjate... Luisa se vino aquí, y... Para qué hablar sobre todo esto... No ahorrabais un marco, perdías la salud, y al final, esta muerte, casi solo; esta muerte, Juan, que yo extendería, con su peso de dolor, sobre los hombros de todos los que ríen, de todos los que hacen ostentación, de todos los que, situados en la parte buena de la vida, miran despreocupadamente a los que no encontramos a lo largo de nuestro camino más que duros obstáculos.

IV

A VECES PIENSO en estas fuerzas que, pese a todas las cosas, Dios me da. Es verdad que he envejecido, que no aparento tener cuarenta y ocho años, sino cincuenta y cinco por lo menos. Nunca fui una mujer con lustre, ni guapa. Mi juventud pasó entre dos personas enfermas que, sin proponérselo, a veces me amargaban la vida. Es cierto que en algún tiempo tuve ilusión. Era cuando iba a la Normal. Mi padre aún ejercía, y la abuela, aunque delicada, no era aún ese cadáver viviente que fue durante un buen número de años. Yo me había hecho alta y siempre estaba muy delgada. Era seria y tenía pocas amigas. Los muchachos de mi edad no me miraban. Apenas frecuenté bailes, y no reí como otras chicas reían. Aparentemente era débil. Luego, cuando conocí al que iba a ser tu padre, pese a vivir en aquellos años de la guerra, llegué a conocer la felicidad, unida siempre, claro está, a un dolor y una tristeza que venían quizá desde que naciera pegados a mis carnes.

Después, ¿cómo pude sacar fuerzas de este cuerpo

esmirriado? Tú habías venido al mundo. ¡Qué años, Juan! No quisiera recordarlos. ¡Cuántos viajes a la cárcel para ver a tu padre! ¡Cuántas colas a la puerta de la tienda, de la tahona, de la carbonería! Y cuántas humillaciones, por ahí, pidiendo trabajo.... Todo esto hasta que encontré una casa, la de los señores Jiménez Luna, unos andaluces ricachones que, una vez terminada la guerra, habían vuelto del extranjero, instalándose en su casa del barrio de Argüelles. Iba por las mañanas, contigo siempre, trabajaba como una burra en la casa, y regresaba por la tarde. Ya no era necesario que hiciera cola para sacar el racionamiento; los señores nos daban la comida, y me traía algo para luego cenar, y aun para llevarle a tu padre a la cárcel. La señora era buena conmigo. Le gustaba, como a casi todos los ricos, que le hicieran reverencias, que la tratasen con respeto y aun con veneración. Deseaba que, tanto las chicas que había fijas en la casa como yo, la quisiéramos. El marido no nos miraba. Bueno, a las jóvenes, cuando iban de un lado para otro moviendo sus cuerpos sanos y duros, sí. Era un hombre alto y colorado, que siempre estaba yendo a ver su finca de Córdoba, y que, al parecer, no le era nada fiel a la señorita. Tenían influencias, y yo les pedí que me echaran una mano para ver si tu padre podía salir pronto de donde, quizá sin muchos motivos, lo habían metido. Me decían que harían todo cuanto estuviera de su parte, y yo pensaba entonces hasta dónde llegarían los delitos de tu padre.

Él condujo coches cuando los milicianos iban de

casa en casa haciendo registros y llevándose a la gente rica a las carreteras. No me había atrevido a preguntarle nunca si también él había empuñado el fusil. Era absurdo, además, conociéndole, hacerle esa pregunta. Él era mandado y obedecía; pero nunca hubiera sido capaz de hacer algo repugnante por iniciativa propia. De haber sido así, él, lo mismo que hacían otros, hubiera requisado casas, automóviles, todo lo que se le antojara. Pero ni él ni yo pensábamos vivir en forma distinta a la que estábamos viviendo. Nuestra buhardilla tenía, en muchos momentos, calor de casa feliz, y sólo pasábamos miedo cuando volaban sobre Madrid los aviones enemigos o disparaban, desde las cercanías, los cañones del ejército nacional. Nunca temí, por tanto, que acabada la guerra pudiésemos ser molestados. Pero la detención de tu padre era lógica, según él. Le pregunté por qué, y entonces me dijo que se había alistado voluntariamente en la Guardia de Asalto, cuando tuvo oportunidad de irse con los que se unían a las tropas nacionales; esto por una parte. Por otra, había colaborado con el Frente Popular, y eso lo sabía yo, me dijo. Por eso su filiación era no ya la de izquierdista, sino de rojo. Así, una vez detenido, tendrían que juzgarlo, y lo mismo podía estar unos meses en la cárcel que varios años, o... Dependía de muchísimas cosas.

Pasaba el tiempo, esperando un juicio que yo temía más que a mi propia muerte. Los señores de Jiménez Luna se movieron en favor de tu padre, y pronto supe que no correía peligro, pero que, sin embargo, "estaría unos meses preso". Los meses fueron veinticuatro, con trece días, pues yo contaba hasta las horas de aquella ausencia que me derritía.

Cuando iba a verlo le hablaba de "mis señores", y él decía "bien", pero nada más, aunque yo hubiera querido que me dijera que les diese las gracias en su nombre. Luego, cuando salió, le propuse que les hiciéramos los dos una visita, pero no quiso. Le pregunté por qué, y contestó que no tenía ganas, que estaba cansado, que ya iríamos. No fuimos nunca. Yo dejé aquella casa. Tu padre me lo pidió, diciéndome que no quería que trabajara, pues me debía a ti y a él. Yo me había entristecido, pues la ayuda que los señores de Jiménez Luna nos habían prestado para que tu padre estuviera pronto con nosotros, no tenía precio en aquel tiempo, cuando, muchas veces, las palabras de un informe equivalían a la vida de un hombre.

Empezamos otros años de dura lucha. Yo echaba de menos el pan blanco, las latas de conservas, la carne, los botes de leche que antes nos daban en la casa de Argüelles. Tu padre estaba muy delgado y se quejaba —aunque sin abrir la boca— del estómago. Le preguntaba qué hacíamos, y él no parecía oírme, siempre pensativo, como si en lo sucesivo no pudiera sino mirar con tristeza, perdidas de pronto todas sus fuerzas, todo lo que aún era en él juventud y deseos de vivir. Le pregunté si buscaría un empleo, y dijo que ya vería. Tuve miedo de verlo así, tan taciturno. Pensé que quizá se hubiera llenado de rencor, y que posiblemente se uniría a otros ex presidiarios o ex milicianos, o se marcharía al maquis. Por entonces se hablaba mucho, aunque en voz baja, de esa fuerza rebelde que se había lanzado a la montaña y que acechaba orilla de carreteras y caminos. Por eso, obsesionada, le dije que fuera sensato.

—Hazlo por nuestro hijo —añadí.

Me miró sorprendido, preguntándome:

—¿Qué es lo que debo hacer por él, dime?

—Eso, ser sensato. No pensar en nada, no pensar en algo que nos empuje a ser más desgraciados, que ya hemos pasado lo nuestro...

Entonces me sonrió un poco, pasando después sus largas y huesudas manos por mi rostro. Me dijo de pronto:

—Juan no será solo. Tendremos una niña.

En otra ocasión había hablado de esto. Podríamos tener otro hijo, y más de otro; pero a mí, entonces, me parecía una remota e inalcanzable ilusión. La noche que volvíamos a acostarnos juntos después de dos años separados, yo preparé la cama con cierta ilusión, poniendo las sábanas —casi nuevas— que me había regalado poco antes la señora de Jiménez Luna. Pero estaba muy lejos de ser una mujer con ímpetu, con deseo de amor carnal. No sabía bien por qué. Luego me dije que se debía a las muchas preocupaciones, sobre todo a ese temor a que él pensara en irse. Todo eso me hacía estar lejos de él, o mejor, lejos de lo que él deseaba en aquellos momentos. Oía su respiración agitada y me alegraba, por él, por poderle servir para que desahogara sus deseos de poseerme nuevamente. Lugo, a él le dio por decir que ya vería cómo tendríamos una niña, y esto hizo que me ilusionara, mirando muchas veces hacia la vieja cuna donde tú, ajeno a todo, dormías un sueño feliz. No hubiera querido tener aquel desasosiego por nuestro porvenir, tan incierto siempre, para poder unirme a tu padre, siquiera alguna noche, en aquel cabalgar sobre las sábanas que me habían regalado y que olían a limpio. No sabía lo que él haría, si se me iba a marchar a los montes, si se pondría en contacto con viejos camaradas que andaban conspirando por ahí.

Una noche me dijo que iba a trabajar, que había estado buscando un empleo y que, por mediación de un viejo conocido, entraría en una casa de marcos y molduras, lo único que pudo encontrar. Me alegré tanto que le dije, con los ojos húmedos, que entonces era verdad que no se iba, que no pensaba en venganzas, en... Cortó mis palabras, sonriendo un instante, para decirme después, serenamente, que si acaso no le conocía. Lo miré con una enorme alegría bailándome en los ojos que tantas veces habían llorado, y, depués de cenar frugalmente (a la fuerza, por lo poco que teníamos), nos metimos en la cama y yo me creí como transportada a no sé qué lejano y hermoso mundo donde los sueños pueden tener realidad. Me quejé suavemente, pegada a él, y él me sintió viva, fuerte, joven, toda hecha amor, toda hecha sexo, y los dos cuerpos volvieron a fundirse, en un ritmo acompasado, como cuando, unos años atrás, se rozaron por primera vez.

No podíamos cantar victoria, sin embargo, tanto por el trabajo, como porque yo no me quedaba embarazada, y eso, que podía alegrarnos, pues era poco recomendable tener una boca más que alimentar, nos entristecía tanto o más que el sabernos sin unos ingresos con qué vivir. Nos conformamos, porque a la fuerza ahorcan, aunque yo me dijera alguna vez que las cosas estarían dispuestas así y así teníamos que aceptarlas.

Lo del trabajo hizo que nos moviéramos, pensando muchas cosas, pero no encontrábamos nada, y eso nos acuciaba, pues lo del taller de marcos molduras se venía abajo, al ser ya un establecimiento medio arruinado. Cuando tu padre llevaba dos semanas sin cobrar, se lanzó a la calle, dejándose el taller, cosa que, según me dijo, alegró enormemente al patrono. Buscó muchas cosas y, finalmente, no pudo sino ponerse a trabajar en una obra, de peón, donde le pagaban poco y el trabajo era duro. Por entonces fue cuando supe que tenía «algo» de úlcera en el estómago, por lo que debía cuidarlo. «¿Y cómo?», me preguntaba. Le planteé la cuestión por donde, si accedía, podríamos salir adelante. Le dije que lo mejor era que yo volviese a la casa de Argüelles, que ésa era la única solución.

Recuerdo que era un día caluroso, ya al atardecer, y él había vuelto cansado, con las alpargatas rotas de recorrer todo Madrid. Debíamos en la tienda, en la tahona, en la carbonería, y el alquiler de la casa. Me sentía desesperada, pues, para postre, tú estabas que te ibas por una cochina diarrea que, en ese tiempo de verano, teriblemente bochornoso, te consumía como un mal bicho que absorbe o traga. Tu padre permanecía con la cabeza gacha. Tenía la barba crecida y los ojos hundidos. No dijo nada. Le vi levantarse e irse, sin cenar, a la cama. Entonces sentí lástima de él. Ahora, más que cuando lo había visto tras las rejas, me daba una pena enorme. Luego sentí rabia, diciéndome que él consentiría ver acercarse la muerte antes de que yo volviera a trabajar, a fregar los platos y lavar los suelos de una casa rica. ¿Por qué no encontraba él un trabajo digno? No hacía falta que me hiciese esta pregunta. Para eso, para encontrar un buen empleo, tendría que ser bien avalado. Y era mal tiempo para conseguir buenos avales. Siempre no se podía recurrir a las mismas personas que ya te habían favorecido, y por otra parte los rencores, los odios parecían mantenerse firmes, y hasta había quien, sin odiar, parecía prestar un gran servicio, o encontrar él una gran felicidad, diciendo que fulano era, en vez de una buena persona, un tal o bastante sospechoso, por lo que todo, bastante difícil ya, se complicaba mucho más. Quizá por eso tu padre no quiso que yo fuera a pedir nada a nadie, diciéndome que ya encontraría él algo, lo que fuera, o volvería a la obra. Le vi tendido en la cama, sin desnudarse, y le rogué que se levantara para cenar. Me miró sin decir una palabra, y entonces pude ver húmedos sus ojos. Tu padre, Juan, estaba llorando. Nunca le había visto llorar. Le acaricié la cabeza y me apartó de su lado bruscamente. Me quedé mirándole, espantada.

—¿Qué te pasa? ¿Por qué haces esto conmigo?

Me había enfurecido y empecé a hablar, diciéndole de prisa, precipitadamente, las palabras como si se mordieran, que nunca lo habían dejado, que siempre estuve pendiente de él, que no le faltaron mis visitas a la cárcel, que por entonces le llevé alimentos, quitándolos de mi boca, y que ahora estaba dispuesta a ir a fragar, a lavar, a planchar, a hacer lo que me mandaran en una casa de ricos para que él, delicado, no trabajase en donde enfermaría más gravemente. Entonces dio un grito enorme, diciéndome que callara, sus manos secas y temblorosas puestas sobre la cara.

—Calla —repitió—, y no me humilles.

Era la primera vez que nos separábamos espiritualmente. Quedamos en silencio. Le oía sollozar. Era un sollozo ronco, agrio, que se sacaba de su huesudo pecho. Caí de rodillas y me abracé a sus piernas y se las estuve apretando con mis manos temblorosas, besándoselas después, al tiempo que le decía que callara, que no llorase, pues mi pecho también se partía, toda la amargura de siempre allí acumulada saliendo ahora como en torrente por los ojos enrojecidos. También tú habías empezado a sollozar, tirando de mi falda. Por todo eso no oímos llamar a la puerta. Y mejor hubiera sido no percibir aquellos golpes, porque yo, al oírlos, me sobresalté, como me ocurría desde hacía ya unos años. ¿Quién sería? ¿Quién vendrá? Las mismas preguntas que otras veces me había hecho, siempre pensando lo peor. Tu padre, indiferente, no me decía nada. Te grité a ti, irritada aún, pidiéndote que callaras, y salí hacia la puerta, el corazón latiéndome como si, de pronto, unas manos frías y ocultas me lo quisieran arrancar de entre las carnes acobardadas. Me limpié los ojos con la tela gris del delantal y tiré del pestillo.

El hombre ya se iba, escalera abajo. Respiré, no completamente aliviada, pero sintiéndome un poco mejor.

—¿Era usted, señor Anselmo?

El portero se detuvo, volviéndose. Dijo:

—Ya sabe: el recibo.

No supe qué decirle. Me miraba.

—Traiga —murmuré al fin.

Tomé el papel, lo miré, le di vueltas en mis manos. Veía los números, una pequeña cantidad, pero enorme, gigantesca esa cantidad cuando el bolsillo está completamente vacío. Tendí las manos hacia el hombre.

—Por favor, espérese hasta mañana por la noche.

El portero tomó el papel y bajó la escalera sin decirme nada, ni siquiera buenas noches, hablando algo entre dientes. Cerré la puerta con cuidado, como temerosa de que se me escapara la mano y diese un fuerte golpe, golpe que podría molestar a alguien, no sabía concretamente a quién. Pensé en que al día siguiente, a la misma hora, yo vendría de la casa de Argüelles con el dinero, que pediría por adelantado a cuenta de mi trabajo, y entonces pagaría aquel recibo, y algunas otras deudas, y compraría algo para comer mejor, siquiera un día. Este pensamiento me hizo sentirme más fuerte, y estuve a punto de decírselo a Antonio. Preferí callarme. Él se había incorporado en la cama. Tú habías dejado de sollozar, entretenido con la gata, a la que bajaste de la silla donde dormía. Me puse a preparar algo de cena. Luego os llamé:

—¿Vienes, Antonio? Y tú, Juan. ¡Hala, vamos a comernos esto!

«Esto» eran dos huevos duros, que puse, partidos, sobre un poco de tomate crudo, con unas gotas de aceite y unas cortaditas de ajo.

Tu padre dijo:

—Vamos.

Y me alegré. Estaba más serena. Él preguntó, sentándose a la mesa:

—Era el portero, ¿no?

—Mañana le pagaremos —afirmé.

Nada comentamos, comiendo en silencio. Tú te distraías, mirando hacia la gata, de nuevo sobre una silla. Después de cenar, padre te tomó sobre sus rodillas y dijo:

—Vas creciendo, Juan.

Yo fregaba los platos, sintiéndome increíblemente fuerte, un tanto esperanzada, y es que siempre, aunque estemos tristes, deprimidos, esperamos algo, un día, mañana, el inmediato, mejor. Yo pensaba en el día siguiente, y estaba convencida de que tu padre no se opondría a mi decisión. Por eso, el sonido monótono del agua al caer por el grifo sobre la pila podía convertirse para mis pobres oídos, hechos a los sobresaltos, en una casi suave y esperanzadora melodía.

V

VOY A LLEVARTE CONMIGO, Juan. He venido a eso. Quería llevarte vivo, para que te curases en nuestra casa o en un buen sanatorio de los que hay entre los montes españoles. Yo me decía que ninguna mujer, sino yo, se acercaría a ti. He llegado a pensar que Luisa te quería de veras, que se había enamorado de ti, por cualquiera sabe qué razones, cuando ha sido capaz de dejar su casa. Pero ni ella, ni Encarna, que incluso dejó de hablarnos, se iban a acercar a ti. Yo te cuidaría. Yo me iba a estar, un día y otro, pegada a tu cama, aunque para eso tuviese que dejarme a tu padre y a los otros. Tú eras mi Juan, el muchacho alocado, el simpático, el que habías pasado tus primeros años yendo conmigo a las casas donde prestaba servicio como asistenta, y el que había salido, junto a mí, en algunos de aquellos viajes que hacía a los pueblos de la Mancha, de donde venía cargada de harina, harina que luego vendía en los mercados y tiendas, ayudada por tu padre.

Pero ya no puedo llevarte vivo. Te llevaré muerto. No sé cómo puedo estar aquí, a tu lado, me pregunto, y pensar casi fríamente. Quizá si no hubiera vivido treinta o más años de dolor, de casi constante sufrimiento, ahora no sería la mujer que soy. Pero la vida me golpeó duramente, Juan. La vida me entrenó, con todas sus amarguras, y así he podido estar preparada para vivir estas horas, estos días, que han sido terribles desde que recibimos tu última carta. Esa lucha, ese sufrimiento, en largos años, me ha hecho una mujer de tabla.

Ahora entra alguien. ¿A qué vienen? ¿Son esos dos compañeros tuyos que han ido a hacer algunas de las gestiones para que pueda sacarte pronto de aquí? No son ellos. Son enfermeros del hospital. Traen otro cadáver. ¿Será también español? ¿Acaso italiano? ¡Qué cara nos ha costado a nosotros esta emigración en masa! Se van. Han dejado al muerto ahí. ¿Será alemán? Los alemanes pueden morir en sus casas, pueden ser atendidos por sus familiares, pueden esperar la muerte al abrigo de sus hogares con calefacción. Los alemanes son gente ordenada, que tienen todo asegurado, que viven al ritmo de sus buenos salarios. Vosotros no podíais vivir aquí con orden, con tranquilidad. Siempre de forma desordenada. Ángel también nos escribía. Nunca, ni él ni tú, decíais la verdad. La barraca era buena. ¡Mentira! En la barraca había chinches, piojos, ratas. Entre vosotros viene gente sucia, gente que sale de sus pueblos sin saber lo que es la civilización. Hasta no comprendo cómo ella se metió allí contigo. No era el único caso, es verdad. Otros hombres vivían en las mismas circunstancias que tú. Otras parejas. Las mujeres se iban a trabajar, y a los chiquillos los dejaban en una guardería. Hombres y mujeres que pensaban constantemente en su ciudad, en su pueblo, donde comprarían una casa, montarían un taller o una pequeña tienda. La vida vuestra era provisional aquí; pero el dolor, la enfermedad, la muerte también se acerca a «las vidas provisionales» y las arrastra a un hospital, convirtiéndolos en números, en el enfermo de la sala tal cama cual, y en donde no podéis oír los pasos de los padres y hermanos, y en donde, luego, muchos, como te ha ocurrido a ti, quedáis para siempre en brazos de la muerte traicionera que salta por encima de las casas confortables para atraparos a vosotros, pobres desgraciados.

Han encendido unos cirios. Yo no dejaré que se agote el aceite de la taza. La mariposilla alumbra tu cuerpo inmóvil, esa mesa donde yaces. No vendrá ya, hoy. Esta noche tendré pesadillas. Veré nuestra ciudad, y la calle donde vivimos, y a tu padre, y a tus hermanos, pero no los oiré reír, sino llorar, cogidos a las paredes, huyendo de las luces y de las gentes alegres. Veré el bar de Pedro, y dentro no habrá hombres que hablen y rían, descuidados, sino fantasmas que saltarán, impulsados por fuerzas diabólicas. Presiento que tendré malos sueños. Todo esto empieza a darme vueltas. ¡Ah, me traen algo de comer! Me hablan, me dicen palabras que no entiendo. Ahora sí, aunque no bien. Es una enfermera. Tendremos todo a punto para salir mañana. ¿Y ella? ¿Cómo es que no viene ahora? Ha entrado. O quizá lleve mucho tiempo ahí. La veo con

Juanito. Te mira unos momentos. Se va. Le grito, diciéndole que el chiquillo me lo llevaré también. Lo aprieta entre sus brazos. Ya no la veo. Corre por los pasillos, poco iluminados. Algunas de esas palabras escritas en las paredes querrán decir silencio. Yo puedo gritar. Yo no entiendo esas palabras. Para mí no hay normas. Tú estás muerto, Juan. He de llevarte... ¿Y por qué muerto? ¿Por qué te acostabas todas las noches con esa mujer? ¿Por qué has dejado que se te destrozaran los pulmones? Yo te cuidaba siempre. «¿Quieres un huevo batido con leche?» «No te vayas a la cama sin tomarse algo caliente, Juan.» «¿Por qué vienes tan tarde?» «¿Cómo dices que está la madre de Encarna...?» No puedes oírme ahora. Ella quizá se quede aquí. Luisa, digo. ¿Y tu hijo? Será para mí. Soy joven. Serás tú, chico de nuevo. Quiero tenerte. Quiero que vivas. Tu padre no hubiera podido aguantar esta espera. Tu padre tiene una úlcera en el estómago desde hace ya más de veinte años. Debería operarse, pero le da miedo. Siempre tuvo miedo. Desde aquel tiempo de sobresaltos, creo, su miedo alcanza a todas las cosas. Él me pidió que escribieras tú, aunque pudieses poco. No sé cómo estará una vez que haya leído la carta. Mejor que viniera Luisa. No sé si tendrá miedo. Ahí tengo una habitación, pero ni siquiera intentaré dormir. ¿Creen acaso que podría? ¿Dormiría una madre alemana? ¿Cómo creen estas enfermeras, altas y rubias, frías y hombrunas, que somos las madres españolas? ¿Alguna de estas mujeres tendrá hijos? ¿Habrá sabido lo que es trabajar, ganando una miseria, para criar unos hijos que crecen enclenques? ¿Sabrán lo que es perder a un hijo?

¡Maldita sea! Quiero morirme. ¡Maldito mundo! Quiero escupir en todo y sobre todos los seres. Luisa... Ella te ha matado. Y los españoles todos, pobres y ricos, te han matado. ¿Por qué me sujetan? ¿Qué me acercan a la boca? No quiero beber nada. ¿Han vuelto los dos muchachos? ¿Es Ángel? ¿Y cómo llega ahora? Juan, ¡mira!, ha venido Ángel.

—Ven, hijo. Ven, Ángel. Ahora lloro. Tú me haces llorar. ¿Por qué ha muerto él, mi Juan? Debiste impedir que la recibiera. ¿Lo quería? No era lícito. No hubiera sido nunca un bien para él. En conciencia, debió decirle que no podía pasar más adelante, que todo había terminado. Pero...

Juan, Ángel está aquí. Él irá de vacaciones, en verano, a España. Quizá no vaya a vernos. No le diré nada por eso. («Es que temía que, al verme a mí...») Nada. Lo comprenderemos. Ahora está aquí. Toca la sábana que te cubre. Erais buenos amigos. Nos escribió algunas cartas, dentro de las tuyas...

...Estamos bien. Ahorraremos dinero. Juan creo que hará las paces con Encarna. Yo, cuando vuelva, me buscaré una buena chica y así, luego, cuando tenga «ahorrao» bastante, me caso también. La vida es aburrida aquí. Nos cansamos, más que nada, porque apenas si vemos el sol. También porque nos acordamos mucho de los ratos que allí pasábamos en el bar, y en las casas. Por eso nos acordamos de todo y de todos mucho...

No lo oirás. Es mejor que no oigas sus sollozos. Ahora viene a sentarse a mi lado. ¿Y Luisa? ¿Qué hará viniendo ahora y luego? ¿Deambulará como una loca por esas calles frías? ¿Te quería tanto? ¿Y quién no te iba a querer a ti? El barrio estará revuelto cuando lleguemos. Será un espectáculo para las gentes. No maldeciré a nadie, aunque a tu entierro vayan la mayoría de los acompañantes y hagan lo que hacen en todos: hablar de fútbol, de toros, del coche que se van a comprar, de mujeres...

Ángel se calmó. Está pálido, delgado. Le diré a su madre que estuvo con nosotros, que no me dejó desde el momento mismo de entrar en el hospital, que me ayudó a todo y ha sido como otro hijo para mí. Ahora, mirándome, dice:

—Ya ve usted, señora María... Vinimos los dos y...

Le ruego que calle. No quiero llorar hora. Ya lo haré luego cuando, sola, me vaya las tardes de los domingos al cementerio. A lo mejor podemos salir mañana. Te llevaré para que estés cerca de todos nosotros, para que puedas tener flores sobre tu lápida, en esa lápida donde mandaré esculpir: «Aquí yace Juan Martínez Budil, que marchó a trabajar a Alemania y murió en el hospital de Düsseldorf, a la edad de veinticinco años. Tus padres y hermanos...»

¿Por qué nos empujan hacia fuera? Quieren que tomemos algo, eso es. Ángel habla con un enfermero. ¿Entiende algo esta lengua? Yo no aprendería nada. No podría decir, así viviera aquí siempre, ni buenos días, ni adiós, ni cómo está usted. Yo he venido aquí a aprender una nueva lección de dolor y procuro asimilarla, estando a tu lado, serenamente, aunque a veces la lección es tan dura, tan difícil, que dejo la silla y corro por los pasillos, y grito, diciendo que no es cierto, que no puede ser, que no hay derecho..., hasta que alguien me sujeta y me da algo, no sé el qué, para ahogar mis palabras y sosegar mi sangre revuelta.

VI

Habrán acudido Pepi, y Rafael, su marido, que tanto interés se tomó para que me hicieran pronto el pasaporte. Ángeles habrá llorado. Tendría la carta en las manos. La tendría tu padre, sin mirar a nadie. En seguida se extendería la noticia por el barrio. Los hombres que tomaban vermut o café en el bar de Pedro se preguntarían unos a otros qué era lo que pasaba, y luego dirían, asombrados, que cómo era posible que hubiese muerto Juan. Después hablarían de ti, y también de Luisa. Tu padre no tendría fuerzas para salir a la calle. Le hubiera hecho falta alguien con energía a su lado. Rafael quizá se haya ofrecido. ¿A quién habrá pensado pedirle dinero? ¿A Pedro, el del bar? ¿A Moraga el contratista? ¿Saldrá hacia la frontera?

Tu padre fue perdiendo las energías. No sé las veces que habré levantado su ánimo, siempre decaído, en muchísimos momentos entregado a la desesperanza. ¿Cómo estará ahora? Parece como si lo viera, sentado en la cocina, mirando hacia la mesa de hule desgastado, sin una lágrima en los ojos, pero tremendamente triste, decepcionado, desengañado de la vida un vez más, porque una vez más era golpeado con dureza. Lo veo, ahora, en todos sus ratos de abatimiento. Vuelvo a verlo como en aquellas noches cuando, acostado tú, nos comíamos la cena que yo había preparado para los dos (a ti te solía hacer, de vez en cuando, una tortilla a la francesa, o una sopa y un poco de carne) con los desperdicios traídos de la plaza, porque se puede tener esperanza, pensando en que «mañana» todo se solucionará, pero luego es posible que la casa adonde te diriges para salvarte esté cerrada, con sus dueños fuera, y entonces hay que cambiar el rumbo de nuestros pasos, y esos pasos te llevan a los mercados, donde siempre se encuentra algo, o nos ofrecemos para descargar unos bultos, mientras, sin poder evitar, pensamos en las mujeres que se pierden al verse en situaciones así, tan desesperadas, en mujeres que todavía están limpias, sanas, y que de pronto echan a andar hacia donde les darán unos duros, y a donde volverán ya, forzosamente, un día y otro, con una cara diferente, con unas carnes palpadas, sucias, vendidas una y otra vez, para tornarlas a vender, el cansancio de siempre y la desesperación de ahora haciéndole ver a la conciencia que no tiene por qué estremecerse, que la vida es así, empuja a estas cosas, y todo hay que aceptarlo conforme viene.

Yo había ido a una casa, que encontré cerrada, y luego fui a los mercados, y eso tenía que ser ya un día y otro, resistiendo antes de buscar cualquier otro camino, en donde quizá hubiera sido rechazada, pues sobraban cuerpos y el mío no resistía la más pequeña competencia.

Padre hablaba poco. Nos íbamos a la cama sin apenas mirarnos. La ilusión por traerte una hermana parecía completamente muerta. Las noches de amor, vividas al acompasado ritmo de un sueño que crecía en ambos, quedaron atrás. A mí parecía habérseme secado la matriz. Dormía mal, poco y mal, y él también se revolvía inquieto en la cama.

Un día, tan cansada como si me hubieran dado una fuerte paliza, después de toda una noche sin apenas cerrar los ojos, bajé, temprano aún, y entré en la portería. Aún me pregunto por qué tomé esa decisión. El señor Anselmo, guardián en una fábrica durante la noche, dormía. Me recibió la señora Narcisa, con su sequedad de siempre, con su gesto de indiferencia y de cansancio.

—¿Viene a abonarme el recibo? —dijo.

—No, señora —le contesté.

Entonces me dio la espalda. Estaba hirviendo leche en un cazo de porcelana, y prestó la máxima atención a su quehacer. La leche despedía vapores que despertaban en mí una hambre vieja, nunca saciada.

—¿Entonces...? —preguntó, sin mirarme.

—Usted me podría ayudar, señora Narcisa. Usted conoce a mucha gente en el barrio. Indíqueme alguna casa donde yo pudiera trabajar.

—¿Yo? ¿Que conozco yo...? Bueno, conocer sí, pero...

No veía su cara. La leche había subido y se apresuró a apartar el cazo del hornillo, soplando sobre la espuma, que se orillaba hacia los bordes del recipiente como las suaves olas de un mar de nieve. La vi colar esa leche, y poner luego en un vaso, en donde también echó café, que tenía, ya colado, en un pucherete de barro. Tenía unas magdalenas en un plato. De pie, y diciéndome entre dientes si gustaba, se puso a desayunarse. Yo, Juan, me acordé de ti y de padre. Hubiera robado aquel alto vaso de café con leche y el plato de las magdalenas. Los ojos se me iban. Sin poderlo evitar, sacaba la lengua y me la pasaba por los labios. Un apetito enorme se había apoderado de mí. Pensé que la señora Narcisa podía conseguir café y leche y azúcar, quizá por mediación de alguna vecina, de cualquier economato. Yo no quitaba los ojos del vaso y del plato, y luego, si movía la cabeza, era para mirar hacia la boca de la mujer, con pocos dientes ya, que masticaba de prisa, haciendo ruido, como si todo aquello que se tomara fuese algo prohibido, algo que quieres consumir sin que nadie se entere, sin que te vean. Dejé de mirarla, diciéndole:

—Bueno, si no me puede ayudar en nada...

Me miró entonces.

—Espere —dijo. Y preguntó—: ¿Por qué no va usted ahí al principal izquierda? Doña Carmen estaba buscando estos días una muchacha. A lo mejor se arregla con usted.

Me alegré enormemente. Tanto, que tuve deseos de abrazar a la señora Narcisa.

—¿Cree que...? —murmuré.

—Entre a ver —dijo.

Doña Carmen era vecina nueva. Los inquilinos antiguos se habían marchado al terminar la guerra. Eran un matrimonio mayor, sin hijos, o con algún hijo muerto, y el hombre, jubilado ya, había decidido trasladarse con su mujer a Alicante, su tierra.

Estos otros inquilinos de ahora eran un matrimonio de pocos años más que nosotros, con tres niños, uno de ellos atacado de parálisis. Los conocía poco. Ella iba siempre muy arreglada. Algunas mañanas me la había encontrado en la escalera, o en la calle; venía de misa, enlutada, con manto y devocionario. No la había saludado sino diciéndole buenos días sin detenerme, pues ella apenas si me miraba. Su marido cojeaba un poco, y según supe más tarde era ex combatiente, con dos heridas de mortero en una pierna. Trabajaba en algo oficial, creo que en Abastos o Fiscalía de Tasas, no sé...

Subí los escalones latiéndome el corazón muy de prisa. Pensaba que si en aquella casa me daban trabajo, habría encontrado la solución de muchos problemas. Te podría bajar a ti, que jugarías con los chicos de doña Carmen, y padre, más libre, seguiría buscando un empleo adecuado para él.

Doña Carmen me sonrió, aunque fríamente, un tanto forzada. Le dije quién era y dijo:

—¡Ah, sí! La he visto algunas veces en la escalera. —Y luego—: Pase, siéntese y dígame qué quiere.

Le dije:

—Mire, es que... Bueno, usted, según me dicen, busca una criada, y yo quiero trabajar.

Me miró de arriba abajo. Un chiquillo lloraba diciendo:

—Mamá, Josemari me está pegando.

—Como yo vaya, Toñi... —dijo doña Carmen.

En seguida vino hacia nosotros un chiquillo rubio, muy guapo, arrastrando una de sus piernas, que la tenía más delgada que la otra y como muerta, mientras la voz de otro chico decía:

—No, mamá, que ha sido Manolín.

Asomaron la cabeza los otros por detrás de una cortina. La madre decía al cojillo:

—Y tú, ¿qué? ¿Les has quitado los cromos? Bueno, marchaos a la terraza a jugar.

Pudimos seguir hablando. Yo trabajaría en su casa, aunque lo que ella buscaba era una muchacha que se encargara al mismo tiempo de los chicos.

—Yo haré lo que usted me mande, doña Carmen —le dije.

—Bueno —murmuró—, pues ya puede usted empezar a trabajar.

Antes le pedí me permitiera subir a casa, y el abrazo que os di fue largo, fuerte, mientras, sin poderlo evitar, lloraba como una tonta.

—Tan cerca que teníamos la solución, Antonio, tan cerca... —decía yo entre hipos.

—Ésa no es la solución... —murmuró él, serio.

Lo vi que se disponía a salir de casa y te tomé a ti de la mano y bajamos, para quedarnos en el principal izquierda.

Doña Carmen no puso buena cara al verte.

—¿Es que trae a su chico? —preguntó.

—No lo puedo dejar solo en casa.

Estuvo como dudando unos momentos, que a mí me duraron un año, y al fin dijo:

—Bueno, entre.

Tú te fuiste en seguida para la cocina, mientras yo recibía órdenes de doña Carmen. De momento, había que hacer una limpieza general; después, ya me daría instrucciones.

La vi vestirse ropas viejas y luego correr camas y sillas, y expulsar el polvo de todos los muebles. Iba delante y detrás de mí, como si me guiara y al mismo tiempo me empujase. Tú, en seguida, le quitaste el almuerzo a uno de los niños, el chico lloró y su madre fue corriendo y te dio un cachete en la mano, haciendo que soltaras el bocadillo.

—¿Le has quitado el almuerzo a Manolín, eh? ¿Y tú crees que se hace eso? —te decía.

Me irrité. Fui con intención de pegarte, pero me mirabas ya con unos ojos tristes, con ojos de hambre, con ojos que poco a poco se iban llenando de lágrimas. Te abracé con fuerza, y entonces dijo la mujer:

—Ea, y encima me lo mima; pues sí que empezamos bien...

No quisiera entrar en detalles sobre el tiempo que trabajé en aquella casa. Al día siguiente ya no bajaste. No podías estar allí, conviviendo con unos niños «que no eran como tú». Luego, doña Carmen, aunque parecía hacerse la tonta, sabía muchas cosas de nosotros. La señora Narcisa le habría informado bien, a lo mejor el primer día de vivir allí. Me hablaba cada dos por tres de la guerra y de su marido. No hacía referencia a las cosas que de nosotros sabía, pero yo adivinaba su intención.

—Ah, aquel tiempo... Por fin pasó, gracias a Dios —decía muchas veces. Y añadía—: No se puede figurar lo que pasamos. ¡Qué infierno! Don José (así llamaba a su marido al hablar conmigo) estuvo mucho tiempo escondido, luego escapó para marcharse con los nuestros. Y yo me quedé sola, con dos de esos tres pequeños que tengo ahí. Ya me dirá si era para divertirse. Pero lo peor fue que tuve que dejar mi casa, porque me echaron, requisándomela. Entonces me fui al pueblo con mis padres. Después... Ya ve, montar casa de nuevo, luchar...

Hacía una pausa, para seguir al instante, siempre con el mismo tema. Luego decía:

—Ahora, gracias a Dios...

Nombraba a Dios a cada momento. Todos los días iba a misa, generalmente a la de siete, con el manto y el devocionario. Un día me preguntó si yo era creyente y si iba a misa los domingos. Me quedé mirándola, como si aquellas palabras no fuesen dirigidas a mí.

—¿Yo...? —dije.

—Sí —afirmó. Para añadir—: Es que... Bueno, quizá no debí decírselo, pero la vengo observando y... Los domingos no suele salir usted más que por las tardes.

Aún no había reaccionado. Me rehíce y pude decirle:

—Sí, claro, por... por las tardes. Y eso cuando salgo.

Callé. Ella siguió hablando. No había respondido de forma concreta a su pregunta, ni pensaba responder.

Ella dijo:

—Nosotros, ahora, gracias a Dios...

Calló. Noté que me observaba. Luego continuó, volviendo al tema de la guerra:

—Menos mal que aquello quedó atrás. ¿Usted sabe que don José estuvo a punto de ser paseado? Ahora, claro... Y muchos aún se extrañan de que los denuncien. ¡Ah, qué desbarajuste entonces, cuántas injusticias y cuánto ateo por esas calles...! Si supiera cómo lloré de emoción al ver pasar por mi pueblo a las tropas vencedoras... «¿Irá entre todos esos hombres mi marido?», me preguntaba. Y salí a mezclarme entre los soldados, el corazón como si me fuera a estallar, cantando ya las canciones que ellos cantaban, ensuciándome con el polvo de sus uniformes. ¡Qué emocionante ver pasar la caravana! Todo el mundo salía a cantar, a lanzar vivas al Caudillo y a España, todos como locos por la alegría, pensando, puede usted creerme, en que nadie se quedaría sin participar de aquella emoción, de aquella felicidad...

Calló. No le dije nada. Comprendí que sonreía, y que su sonrisa no era de satisfacción.

—A usted, claro... —dijo—, no..., no le alegraba, ¿verdad?

Era la hora de marcharme y me dirigí hacia la puerta.

—Bien... —murmuró.

—La comprendo —dije.

—¿Sí?

—Sí, señora —afirmé. Y luego dije—: Hasta mañana.

—Si Dios quiere —dijo ella.

Detrás de mí quedó el ruido de la puerta, que por unos instantes me pareció como si repercutiera en todos mis huesos.

Temía que iniciase nuevas conversaciones sobre aquel tema. Pero tampoco podía impedir que hablase. Lo peor era que, a juzgar por las insinuaciones, por las palabras indirectas, pronto me preguntaría sobre nuestra vida.

Y así fue. Un día me pidió («ya que vamos teniendo confianza») que le contara yo algo.

—No sé qué le voy a contar... —murmuré—. Usted ya sabe...

—¿Que yo sé...? ¿El qué?

—Sí, que mi marido fue guardia de Asalto, que estuvo con los del Frente Popular, que después pasó dos años preso... En fin...

—Bueno, si le he de ser sincera, algo sé, porque siempre se rumorea, ¿comprende? De todas formas... Mire, usted está trabajando en mi casa; eso quiere decir que no todos somos rencorosos, sino que, por el contrario, sabemos perdonar y querer a nuestro prójimo, como está mandado por el Altísimo.

Le dije que era verdad, y que yo se lo agradecía profundamente...

Los días solían pasar así, charla que te charla, ella

más que yo, siempre cuando estábamos solas. El marido no hablaba ni siquiera con ella. Comía en silencio y luego solía irse, no sé si a trabajar más o de tertulia a un café.

Por otra parte, me pagaba puntualmente todos los sábados, dándome además alguna ropa todavía en buen uso y también comida. Yo, una vez en casa, me olvidaba de todo aquello que no hubiese gustado oír, y hasta estaba contenta. Tu padre, sin embargo, no quería mirar el dinero ni la ropa o los alimentos. Te tomaba a ti de la mano y os íbais por ahí a recorrer las calles de Madrid, para entrar en talleres, en almacenes y en garajes, a la busca de un trabajo para él. No veníais a comer. Padre, por entonces, lo mismo que yo, recorrió los mercados, buscó desperdicios, y así, al llegar al mediodía, aparte de traer algo a casa, podía entrar en una taberna, donde pedía unos vasos de vino y comíais. Su estómago protestaba, falto de mejores y adecuados alimentos. Por la noche veníais los dos muy cansados. Tú un día trajiste un globo azul y me hacías que lo mirase. Yo no levantaba la cabeza, disgustada por aquella indiferencia de tu padre hacia mi actividad en casa de los vecinos. Fue él quien, enfadado también, me dijo:

—¿No puedes mirarlo? ¿No ves a tu hijo, o qué?

El globo te lo había regalado un hombre que ponía su tenderete en la plaza de Antón Martín, me dijiste. Yo miré al fin un momento. Aquel día —recuerdo— las cosas habían ido peor en casa de doña Carmen. El hombre, don José, se ve que le decía que ya estaba bien de tenerme allí trabajando, que a ver cuándo buscaba a una muchacha. Al mediodía, antes de la comida, yo oí que el matrimonio cuchicheaba. Hablaban de mí, y de que «lo de buscar una muchacha tenía que ser cuanto antes», diciéndole él que escribiera al pueblo de sus padres, o que fuera ella misma en persona, pues allí encontrarían una chica «buena y honrada». No sé qué podría haberle hecho yo a aquel hombre. La verdad es que apenas si me miraba a la cara. Se sentaba a la mesa, se santiguaba y se ponía a comer en silencio. Si acaso, cruzaba dos palabras con la mujer o decía algo a los niños. E inmediatamente después del último bocado salía de nuevo a la calle y no volvía hasta la noche. De vez en cuando, por las mañanas, solía mandar a un muchacho con un paquete de víveres, en donde encontrábamos café, azúcar, harina de trigo, arroz, chocolate, etcétera. Después, un día, oí que él hablaba, en sus cuchicheos con la mujer, de tu padre, y entonces comprendí por qué yo no debía estar en aquella casa. Tu padre no solía saludar nunca a don José, o lo saludaba con voz que apenas se le oía cuando se encontraba con él en la escalera. En la calle, nunca. Tu padre, claro, saludaba a muy poca gente, pero estoy segura que no era por rencor, sino más bien por una especie de cansancio, como si le doliera levantar la cabeza o mover los labios. Iba y venía como un borracho que no ve siquiera el suelo donde pisa. Tú, a su lado, parecías su lazarillo. Algunos días trajisteis dinero. Nunca me decía padre qué trabajo había hecho para ganarlo. Tuve miedo. Pensé que quizá hubiera empezado a hacer cosas que no estaban bien, y que «eso» habría llegado a oídos de don José.

Tu padre, Juan, seguía sin hacer cosas que pudieran avergonzarnos. Pero nosotros, para el vecino, y para otras muchas gentes, éramos «lo que éramos», y había «que andar con cuidado». Por otra parte, si además de «algunas otras cosas», tampoco éramos agradecidos, ¿para qué tanta caridad y tanto querer hacerles bien a los que a lo mejor, ¡quién sabía!, no podríamos sino devolverles mal?

Si yo oía palabras, me las callaba, sin comentar nada con tu padre, que siempre me he tenido por mujer prudente. Por eso, el no comunicar a nadie las cosas que sabía —cosas que me disgustaban—, hacía que me entristeciera más cada día que pasaba. Él, sin embargo, parecía leer dentro de mí, y por eso casi salté de alegría el día que me dijo que no bajara al principal izquierda.

—¿Que no...? —murmuré.

—No —dijo.

Creía que era porque él había encontrado al fin un empleo. Pero no me aclaró nada. Quedó en silencio, y yo, por otra parte, tampoco me atrevía a preguntar. Al día siguiente me encontré sin saber qué hacer. Estábamos los dos en la cocina, preparando el desayuno (a tu padre siempre le gustaba ayudarme en ese menester) cuando, indecisa aún, le pregunté:

—Bueno, entonces, ¿bajo o no?

—¿No recuerdas lo que te dije anoche? —preguntó a su vez.

Otra vez el silencio. Y luego, después del desayuno, para asegurarse de que no me movería de casa, te dejó a ti conmigo y se marchó a la calle. Yo me quedé pensativa, preocupada. Comprendí que era preciso bajar a excusarme, a decirle a doña Carmen que me encontraba enferma, por ejemplo, y que eso me impedía seguir trabajando en su casa. Te tomé de la mano y bajamos. Doña Carmen venía de misa, y habló en seguida de la enorme cantidad de gente que había ido a postrarse ante el Cristo de Medinaceli y de qué fe tan hermosa se veía allí todos los primeros viernes. Luego, antes de que yo volviera a hablar, se fijó en ti y dijo que si ya no recordaba que tú debías quedarte en casa.

—Pero es que vengo a despedirme.

—¿Cómo? ¡Ah, que me deja! —dijo, como sorprendida. Y preguntó—: ¿Y por qué?

—Mire... murmuré, sin atreverme a decirle que me encontraba enferma para no mentir, aunque la mentira hubiera sido relativa, puesto que yo, por entonces, estaba débil, cansada y seca como un junco.

—Bueno, me deja colgada —comentó—. Fíjese, hace unos días no quise tomar a una muchacha que me ofrecían unas amigas de Auxilio Social. Confiaba en usted, y ahora...

—Lo siento —dije.

—Bien... —suspiró.

No me quedaba ya sino darle las gracias porque, trabajando en su casa, habíamos solucionado algunas cosas. Se lo dije, y sonrió.

—No, no me dé las gracias, mujer. A mí, cuando

hago un bien, no me gusta que me lo agradezcan. Hay Alguien que lo ve todo y sabe corresponder... —dijo, invitándome a salir.

Le dije adiós, inclinando la cabeza varias veces, y salimos a la calle a comprar comida para nosotros. Luego, en casa de nuevo, tú te entretuviste jugando con cacharros viejos en el terrado, mientras yo, inquieta, no dejaba de pensar ni un solo momento en lo que estaría haciendo tu padre por ahí...

VII

Le digo que coma él algo si quiere. Tampoco prueba de esto que nos han traído. Está triste. Se ha quitado la cazadora de cuero. Me gustaría que se viniera conmigo. Su madre correría a abrazarlo: «¡Ah! Pero ¿es que viene mi Ángel?», y luego me abrazaría a mí, diciendo quizá, entre sollozos, que quién lo iba a decir, que os habíais marchado juntos, con tantas ilusiones, y que tú, ahora...

Hasta aquí llega el olor de la cera. Me levanto. La mecha de la mariposa chisporrotea en la taza. Se va consumiendo el aceite. Le diré a un enfermo que me traiga de la cocina. Traerá poco. Es de importación. Es aceite nuestro, de España, o de Italia. Quiero que esa llama esté alumbrando hasta que subamos a un furgón. Quizá en el viaje también pueda llevarla encendida. Entonces rezaré. Ahora apenas si he podido hacerlo.

No puedo probar bocado. Luisa se habrá ido a la barraca. ¿O ya no dormía allí? No se lo he preguntado. Apenas si he podido hablar con ella. Parece como si pudiera veros, allí bajo las tablas, comiéndoos una cena que a ti no podría sino conducirte a esta muerte que te ha dejado frío y lejano de nosotros. Parece como si yo abriera la puerta, ahora, en estos momentos, de vuestra habitación, y la sorprendiese a ella sorbiéndote la sangre, sedienta siempre de besos. Tengo que agachar la cabeza y apretar los puños, y odiar la vida para no odiarla a ella ni a los que, tranquilos en sus casas cómodas, se han inventado chistes sobre los que os habíais venido a trabajar a Alemania, a este país que a mí, ahora, me parece un pedazo de hielo, un glaciar, algo enormemente frío y como sin alma.

Me vence el cansancio. Llevo mucho tiempo sin dormir. Desde que supe que estabas mal, apenas si he cerrado los ojos. Tu padre estará tan mal o peor que yo. Esta noche habrá salido a la calle. Habrá ido al bar de Pedro o a casa de Moraga. Lo pensaría mucho antes de acercarse a cualquiera de esos dos hombres. «¿Y tengo que pedirles dinero?», se habrá preguntado. Y luego: «¿Por qué ocurren estas cosas, por qué...?» No podrá dormir tampoco. La puerta de casa estará abierta. Habrán ido las vecinas. Alguna quizás haya tomado el rosario. Ángeles llorará. Ángeles pensaba en la combinación de nilón que tú le habías prometido, y en el vestido que, sin promesas, también le hubieras llevado. Ángeles releía tus cartas, sobre todo los párrafos en los que te dirigías a ella...

...A ver qué haces, nena, que tú... Mucho ojo con los bailes, y no le des mucho palique al Guillermo; ya

sabes a quién me refiero, al chulillo ese del taller del señor Cebrián, que más de dos veces, lo recuerdo, tuve que callarlo para que no te nombrara, pues el gamberrote parecía un disco rayado, hablándome de ti a cada momento. Ayúdale a madre todo lo que puedas, ¿eh?, que si eres formal ya verás lo que te llevaré cuando vaya. Ah, y si ves a Encarna, dile que bien me podía haber escrito siquiera una postal, que me enteré estuvo en Madrid, en una de esas excursiones que van también al Escorial, Valle de los Caídos, Aranjuez y Toledo. Me hubiera gustado saber de ella, le dices, y tener unas vistas de alguno de esos sitios. Pero se lo ha tomado tan en serio que ya como si yo no existiera para ella. Y yo... Bueno, con esto te aburro, Ángeles. A ver si padre se cuida, que no deje el tratamiento, y bien podía operarse, aunque tal vez sea mejor, me parece, que esté yo ahí...

Juan, tus cartas, que tengo aquí, atadas con una cinta roja, las he guardado todas, lo mismo que las que nos escribiste desde el cuartel. ¡Qué tontas, qué sentimentales, cuánto amor hay siempre en nosotras, las madres, para vosotros, los hijos! ¡Cuántas cosas les tapamos a los padres! ¡Cuántas noches, ya a la madrugada, cuando él me preguntaba si es que todavía no estabas acostado, mentía yo, diciéndole que sí, que ya estabas en la cama, para que él cerrase de nuevo los ojos, tranquilo, mientras los míos seguían abiertos!

No olvidaré las noches de sábado, en las que, después de salir de casa la novia, te fuiste por ahí, con los amigos del bar, para regresar un poco mareado.

—Madre, tengo ganas de cantar.

—Calla, Juan, por Dios, que vas a despertar a tu padre.

—Madre, que canto. Ya verás... «Yo tenía un chorro de voz...»

—Calla. Y venga, acuéstate.

—Ésta, la mejicana. Ésta, mira...

Cantabas. Hasta que tu padre se removía, preguntando:

—¿Viene ése ahora? No, si cuando yo digo que...

—Padre —le decías tú—, buena vida te llevas, roncando ahí como un cerdito, ¿eh?

Tenía que darte una taza de café sin azúcar y empujarte suavemente a tu cuarto.

—¡Hala, hala! Está visto que no podemos ser buenos contigo. Abusas. Te tomas demasiada confianza.

—Quiero cantar... «Yo era el amo del falsete...»

—¿Cantar? Calla. Me parece que te voy a dar un cachete, ¿sabes?

—¿Tú? ¿Darme un cachete tú, madre? Me haces reír.

Te reías. Ladrón, reírte de tu madre. También me besabas. Olías a ginebra, a coñac. No estabas borracho. Nunca te vi completamente embriagado. Sí alegre, con una alegría que te hacía más simpático.

—Pero, bueno, Juan: ¿quieres que te zumbe de veras?

Me abrazabas.

—¡Ay, qué mamá más rica tengo!

—¡Hala, hala, descarado, tira para tu cama!

Me hacías reír. Luego, acostado ya, te miraba como cuando eras chico. «Este hijo...» Tu padre se había dormido en seguida otra vez. «No es lo mismo. Para él es otra cosa. Bueno, que nosotras, las madres...» Apagaba la luz. Miraba hacia el techo unos momentos. Pensaba. Entonces, en noches así, yo era una madre feliz.

Ángel está durmiéndose.

—¿Por qué no te marchas? —le digo—. A descansar —añado—. O échate aquí.

Me mira. No dice nada. Callo, sin insistir. Estará a mi lado. Me consta que no se moverá de aquí hasta que no nos vayamos. Yo he ido al depósito y he vuelto. He visto a una mujer arrodillada más allá de la mesa donde yaces. Parecía sollozar.

—¿Eres tú, Luisa? —le he preguntado.

La mujer parecía vieja, con los cabellos plateados, muy delgada. ¿Acaso era yo? Ahora estoy en la cama. Ángel me ha empujado suavemente, arreglándome después las ropas. Luego ha echado sobre la colcha su cazadora de cuero. Es un buen muchacho este Ángel. Estará recordando el viaje, cuando los dos os vinisteis a esta ciudad, que me parece un enorme cementerio repleto de hombres jóvenes, todos muertos. También estaba lleno de ilusiones...

...Cuando vayamos lo tenemos que pasar en grande, señora María. Trabajamos con ilusión, por eso y por tener luego una buena casa. Ya se pueden preparar us-

ted y mi madre, que las vamos a armar gordas. Cuando alguna noche lleguemos contentos, no nos vengan con monsergas. Aquí no bebemos más que alguna cerveza de vez en cuando, Por eso, cuando vayamos de vacaiones... Ah, entonces...

Hermosa ilusión la vuestra. Cuando fuerais de vacaciones...

—¿Me tapas, Ángel? ¿Y tú? ¿Por qué no te acuestas también? Ahí tienes cama. O échate aquí. Eres mi hijo. Él es mi hijo y está muerto; tú también lo eres, y estás vivo. Acuéstate. Anda, ven... Si la ves a ella, dale con algo. Por ahí encontrarás alguna cosa con la que puedas golpearla. Porque ella vendrá a llevárselo mientras yo duermo. ¿Creerá que aún puede sacarle sangre...? ¿Me oyes, Ángel?

No dice nada. Me mira un tanto asombrado. ¿Qué palabras pronuncio yo? ¿Qué pienso? ¿Qué es lo que temo? Ah, temo a Luisa, que andará rondando por ahí. También es posible que venga el encargado de la fábrica. ¿Y qué? No sé. Lo he pensado, lo pienso ahora. A lo mejor, para verte muerto y sonreír. Yo no he visto a ese hombre, pero le conozco, es decir, me lo imagino tal y como es. Nos hablabais de él en alguna carta...

...Es un tipo que lo tenemos atravesado: un alemán bigotudo, con cara de judío sacado de las zanjas donde los echaron los policías de Hitler. Nos mira de modo que, apenas se vuelve, tenemos que escupir. Y el tío sonríe, cosa que no nos explicamos, pues más allá de su

sonrisa esconde un buen montón de mala uva. A veces le hemos dicho que cuando venga por España sabrá quiénes somos nosotros, que lo invitaremos a beber del buen vino, y él, dice que sí, y sonríe algo más abiertamente, pero al instante cambia, y ya lo tenemos encima de nuevo como para que no respires, chapurreándonos de vez en cuando alguna palabrota en español, un español que pronuncia mal y que asimismo comprende mal, pero lo bastante para que no se le escapen las maldiciones que, de vez en cuando, cabreados hasta no poder más, le dirigimos...

Tenían que haber estado ahí con vosotros todos aquellos que desde sus mesas de despacho tanto y tan bien hablaban de este trabajo en Alemania, y también todos los que no saben lo que es pasar hambre nunca, y todos los que nacieron para no soplarse ni una sola vez los dedos de las manos, amoratados por el frío, ásperos, encallezidos por el contacto con las herramientas...

Ángel está ahí, helado seguramente. ¿Por qué no se echa aquí, orilla de mi cama? Mi cuerpo es el de una mujer todavía joven, pero sin carne, sin calor. Yo os he tenido a vosotros, todos mis hijos, muchas veces acostado junto a mi cuerpo. Ahora también quisiera que me rozaran vuestras manos, que me acariciarais esta espalda huesuda y fría. Por eso miro a Ángel y le ruego que se acerque.

¿Qué es lo que digo? Él se aprieta la cara con las manos.

—Perdona. Te he hecho llorar. Creerás que estoy loca. Sí, paséate por ahí. Y reza, si te acuerdas del Padrenuestro. Y llora, si crees que te encontrarás mejor. Yo me duermo, me duermo. Pero tengo frío...

Callo. Pienso. O mejor, quiero pensar. Quiero irme de aquí ahora mismo. Necesito salir con Antonio. Perdona tú, Juan. Ángel es mi hijo y puede quedarse conmigo. ¿O acaso no lo veo como a un hijo?

—¿Quieres acercarte, Ángel? Ven aquí, anda. Ya no tendré más hijos, ¿lo sabías? He dado a luz uno muerto. Este hijo tenía veinticinco años. Todo ese tiempo lo he llevado en el vientre, no, en el corazón. Mi corazón se había ido hinchando, hinchando, y por eso las gentes me decían que tenía un pecho, el izquierdo, deformado, enormemente grande. Allí llevaba yo a mi hijo. Ahora lo he parido muerto, desgarrándome estas carnes viejas. Por eso... ¿Pero no me escuchas, Ángel? Vuelve. Ven, hombre. Haz que yo recupere la vida. ¿Quién puede darme un hijo como era él, como eres tú? No, no te asustes, Ángel: soy tu madre, no tengo sexo. Ven y déjame que acaricie tu cabeza, que yo tornaré en morenos tus cabellos rubios. Pero ¿te vas? Sí, te paseas por ahí. No me escuchas. Mejor que no me escuches. Yo me duermo, pero no me duermo. Si fuera verdad...

Juan, Ángel, puede quedarse conmigo. Pienso en tu padre. Ahora quisiera irme con él, con mi marido. No puedo engañarlo. Nunca lo engañé. Era una mujer sin atractivo, pero ni aun siendo la más hermosa de todas, con miles de hombres acosándome, lo hubiera engañado. Ángel vuelve. Ha llorado. Me creerá loca, desquiciada. Nunca traicioné a tu padre, ¡nunca!

—¡Hola, Ángel! Dame tus manos. Trae tu cabeza. ¿Ves cómo no tengo más que corazón? Míralo: un corazón grande con una gran abertura por donde ya no puede salir más que una sangre podrida. Alumbré a mi hijo hecho hombre ya, y ahora... ¿qué puedo hacer yo ahora? Todo mi cuerpo está repleto de sonoras campanillas que anunciarán a los vivos y a los muertos mi traición de amor. ¿Me oyes? ¿Comprendes lo que te digo, Ángel? Cuánto tiempo lo he llevado ahí, a él, apretado, mimado, y ahora no me queda sino esta abertura por donde se escapan unas gotas de sangre que ni siquiera es de color rojo. Quisiera... Pero no me escuchas, no quieres escucharme. ¿Por qué, Ángel?

¿Oyes tú, Juan? Que se vaya Luisa. ¿O no ha vuelto? Esa vieja que rezaba de rodillas en el depósito era yo. Ahora estoy aquí. ¿Aquí? ¿Dónde? Antonio deambulará por las calles del barrio. Sí, comprendo. Es decir, que abro los ojos y veo el mismo techo de ayer. Ángeles llorará, abrazada a Pepi. Pepi quizá no pueda hacer el amor con su marido: hasta ellos llegarán algunas gotas de sangre de esta herida mía.

—¿Has oído lo que dije antes? Le pedí a tu amigo que se me acercara.

No te ofendas por esto, Juan. Ángel no es persona: Ángel es un ángel. Está aquí, sin dejarnos. Yo puedo decirle que alargue sus manos y mueva suavemente las campanillas sonoras de este cuerpo de carne vieja. Pero él no se moverá, aunque lo llame; por eso pongo yo las manos sobre el pecho y me aprieto, imaginando a niños robustos que manan el aliento de la felicidad.

Podría dormirme, porque estoy muy cansada. Pero ahora abro mucho los ojos y dirijo la mirada hacia el techo blanco, y veo nubes que se mueven, que se acercan a mí, y pequeñas estrellas que bailan como regocijadas, ajenas a todas las heridas de madres sin felicidad. Ahora, despierta, más calmada, me parece que estoy de nuevo en nuestra buhardilla, en aquel tiempo de lucha, pero que no se parecía en nada a estos momentos de ahora, pese a que entonces nos colmaba el dolor.

Ángel, sentado a los pies de la cama, dormita, roncando levemente.

VIII

TU PADRE REGRESÓ al anochecer. Estuve intranquila durante todo el día. Tú estabas alegre, y yo no me lo explicaba. Era como si quisiese que tú, con tan pocos años, comprendieras ya el dolor y las amarguras de la vida, acompañándome a llevar aquella carga de tristeza. Tu padre me enseñó las manos. Tenía unas manchas rojas, tirando a moradas, principio de unas durezas que ya no se le quitarían nunca. Había encontrado trabajo en una de esas brigadas que levantan adoquines y colocan raíles del tranvía. Ganaba muy poco. Los jornales eran cortos por entonces. Pero él decía que, apretándonos el cinturón, podríamos ir tirando, sin necesidad de que yo fuese a fregar a ninguna casa, hasta que mejorase todo.

No podía decirle nada. Hubiera podido bajar, por lo menos unas horas, a casa de doña Carmen. No quería. Le humillaba el que yo fuese a trabajar.

—Tú, la casa y el nene. Ésas son las obligaciones de toda mujer.

No se quejaba, pero la úlcera de su estómago debía

de roerle constantemente. Si podía, me traía algo de la calle. A veces eran unas patatas, o un melón, o un racimo de uvas; otras veces, unas espinacas, las hojas más verdes de las lechugas. Estuvo durante unas semanas trabajando junto a un mercado y al mediodía, en la hora que tenía para comer, se acercaba a los puestos, ofreciéndose para ayudar a los dueños en algo. Por eso traía algunas cosas de comer. Yo salía contigo por las mañanas a la tienda, a la tahona, a la carbonería. En todas partes había cola, para todo hacía falta la cartilla. También iba al estanco a sacar la ración del tabaco. Eso me lo había encargado tu padre porque, haciendo muecas, me dijo que no le sentaba nada bien fumar y que, en lo sucesivo, podía disponer de las cajetillas de la ración para venderlas como pudiera. Ésa, diría yo, fue nuestra iniciación en ese famoso mercado negro, al que tanta gente se dedicó por aquellos años. En cuanto juntaba la ración de una o dos semanas, corría a la esquina, donde había un inválido, un viejo legañoso y de ropas sucias, que gritaba los números de la lotería, y le daba la mercancía a cambio de unas pesetas, que yo recontaba en seguida para ver las ganancias. Con aquello compraba en la tienda algún bote de leche, o un quilo de azúcar, o un poco de harina de trigo para hacer pan o tortas, yo misma, en casa, valiéndome de la sartén o de una lata que tenía para cuando, alguna vez, pudiéramos asar carne.

Pasábamos estrecheces, pero sabíamos conformarnos. Tu padre venía al anochecer. Trabajaba doce horas, única forma de traer un jornal regular. Estaba muy delgado, y eso me preocupaba. Seguía con su mudez de los últimos tiempos, y sólo me hablaba para referirse a ti.

—¿Qué tal va éste? ¿Come bien?

Tú jugabas en el terrado. Allí te entretenías durante horas. Había un terrado grande, general, donde podían entrar todos los vecinos de la escalera, y otro terradito pequeño, que nos pertenecía por completo. Allí, con astillas de tablas, guisaba alguna vez, los domingos, un arroz seco. Ese día, padre subía una botella de vino y comíamos un poco mejor. Yo le preguntaba sobre el trabajo:

—¿Te va bien?

—Sí —decía.

No era verdad, pero jamás se hubiera quejado delante de mí.

—Encontraremos otra cosa, verás —le decía yo.

—Sí... —murmuraba él.

Pocas veces nos referíamos a los vecinos del principal izquierda. Doña Carmen apenas si me saludaba. Habían hablado de nosotros, ella, por lo menos, con la señora Narcisa. La portera, luego, me lo dio a entender, no sé con qué fin, tal vez para insinuarme que anduviéramos «con tiento». Yo, según doña Carmen, era una desagradecida, y tu padre un hombre lleno de rencor, que ni siquiera levantaba la cabeza para mirar a nadie.

No me sorprendía todo esto. Es más, lo encontraba natural. Ni tampoco el que los porteros le bailaran el agua a los del principal, poniéndose, por otra parte, frente a nosotros. De ellos siempre podían sacar algo, mientras que tu padre y yo no podríamos darles sino los buenos días, cosa que, dicho sea de paso, ni siquiera agradecían.

En alguna ocasión te tomé de la mano y nos fuimos a donde trabajaba tu padre. A él no le gustaba. Le veíamos inclinado sobre los duros adoquines, empuñando un pico o la perforadora. Todos los trabajadores que estaban con él, a excepción de uno o dos que no hacían sino mandar, eran hombres de rostro enjuto, de aspecto triste y cansado. Tenían sus talegos, pringosos ya, bajo las chaquetas, y parecían descuidarse, enajenarse de todo, inclinados sobre el suelo gris, picando a desgana, con un gesto de aburrimiento, de hastío en sus barbudos rostros. Miraban de vez en cuando hacia los establecimientos de comestibles, hacia la panadería desde donde les llegaba el olor al pan recién cocido. Hablaban de la vida, del hambre, del racionamiento, y en las palabras de algunos había como unos vagos presagios de amenaza. Tu padre no solía despegar los labios. Sé que muchos le preguntaban si «también él» había estado en la cárcel, respondiéndoles escuetamente que sí. No quería hablar de nada. Al mediodía tomaba la merienda que yo le había echado y se acercaba allí donde, con su trabajo, pudiera recoger algo para traerlo a casa.

La segunda vez que fuimos, se enfadó bastante.

—No vengas más a verme, María.

—¿Por qué?

—No vengas —repitió.

Sus compañeros me miraban. Yo podía ver a la

esposa de algún otro, y lo mismo que yo, ésa, todas, era, eran mujeres sin lustre, aunque ninguna estaba tan triste ni tan afligida, pues por nada reían, e incluso llevaban la broma iniciada por el marido o por algún amigo de confianza. Me marchaba de allí, llevándote de la mano, pensando en aquel trabajo, que no era para tu padre, por lo que teníamos que buscar otra cosa distinta. Pero eso no se lo podía decir a él para no hacerle creer que era un hombre sin iniciativas.

Por aquel tiempo, tú estuviste bastante enfermo. Era invierno, y una noche casi te ahogas por una tos de garrotillo. Tuvimos que llevarte, corriendo, a una casa de socorro. Nos vimos mal, después, para que fueses atendido como la enfermedad requería. Tu padre era un trabajador eventual y no tenía ningún seguro. Había que pagarlo todo, médico y medicinas. Me vi en la necesidad de pedir. Entonces fui de nuevo al barrio de Argüelles. Esto no lo supo tu padre hasta que un día que no se encontraba bien y se vino del trabajo te descubrió a ti en casa, solo. Entonces, perdida su calma, su gesto de indiferencia por todo, bajó a la portería, preguntó por mí; llamó en el principal izquierda, y luego, como en ningún sitio le dieran razón, fue a la tahona, a la carbonería, a la tienda, y allí le dijeron que yo, aquella mañana, había entrado a telefonear a una casa que los dueños, a juzgar por lo que me oyeron, se llaman Jiménez, no sabían qué más, de apellido. Buscó el número, llamó y me encontró allí. No supe qué decirle. Me eché a llorar. Entonces aún lloraba yo por nada. Me había desahogado, el día que entré de nuevo en la casa de los señores de Jiménez Luna, contándole a la señora cómo vivíamos y todo lo que estábamos pasando con tu enfermedad, así como del tiempo que trabajé en el principal izquierda. La señora de la casa de Argüelles dijo, refiriéndose a lo que yo había sufrido junto a doña Carmen:

—¡Qué poca caridad, qué gente! Parece mentira...

Y luego pidió que se lo contara todo, por lo que me desahogué, llorando hasta derretirme. Comprendí que ella se compadecía de nosotros de verdad; desde ese momento, supe que no nos faltaría su ayuda.

La llamada de tu padre cortó nuestra conversación. Le dije que me iba en seguida, que sólo había ido a saludar a la señora. Oculté los botes de leche y las medicinas que me había dado.

Otra cosa me ocurrió en casa de los señores de Jiménez Luna, y es que la señora, a la que yo, en otras ocasiones, le había hablado de mi vida de soltera, de las circunstancias en que conocí y me casé con tu padre, me pregunto si, acabada la guerra, nos habíamos casado por la iglesia. La señora del principal me había preguntado en otra ocasión si yo era creyente, pero aquella pregunta me sonó distinta. Miré a la señora de Jiménez Luna y le dije:

—No..., no, doña Paloma: no nos hemos casado.

—¿Y por qué? —preguntó.

Yo dudaba. Parecía como si se me hubieran escapado todas las palabras, como si mi garganta estuviera vacía de sonidos.

—Pues... Mire, él fue, es decir, se lo llevaron en

seguida —pude decirte—. Sólo bautizamos a Juan, pero casarnos no. Lo habíamos dejado para más adelante —añadí, inventándome algo que ni a tu padre ni a mí se nos había pasado por la imaginación—. Para... Bueno, a ver si, pasado algún tiempo, teníamos más ilusión.

—Ah, como dos novios. Bien...

—Eso es. Queríamos estar más..., más contentos. Luego..., luego se lo llevaron, es decir, en seguida, y después... Pues, mire, ya...

Me dijo cariñosamente que así no teníamos que seguir viviendo, puesto que nuestro matrimonio no tenía validez, no era legítimo, al no haberse hecho, además de por el juzgado, por la Iglesia, como correspondía a gentes que profesan la religión católica.

Salí de allí como si alguna cosa buena, una mano suave y amiga, me hubiera rozado el corazón, tan lleno de llagas ya. No sabía cómo decírselo a tu padre. Lo callé durante unos días. Mientras tanto, tú mejorabas, y yo, saliendo un par de horas por la mañana, traía algunos alimentos y las medicinas que necesitabas. Doña Paloma, que también, lo mismo que la del principal, iba a misa todos los días, incluso muchas veces subida en un automóvil conducido con chófer uniformado, me parecía de una forma distinta, de otra masa muy diferente de la que estaba hecha doña Carmen.

Luego, como a tu padre le seguía pareciendo mal el que fuese de nuevo a trabajar, incluso a aquella casa que podíamos considerar amiga, mi propósito de hablarle del casamiento por la Iglesia se vino abajo. Pero esta vez, sin embargo, tu padre me había dicho, y con palabras muy claras y no hablando entre dientes, que agradeciese de veras el bien que estaban haciendo con nosotros aquellos señores, particularmente contigo, Juan, que sanabas por las medicinas, tan caras, que nos habían dado.

Tu padre te miraba a ti, ya recuperado, y en sus ojos, oscuros, sin un brillo alegre, no había tampoco otro brillo de rencor. Lo abracé un día diciéndole que los señores de Jiménez Luna eran buenos, que nos habían ayudado siempre y debíamos estarles muy agradecidos. Entonces dijo:

—Bueno. Pero ¿es que te digo lo contrario?

—No, pero...

—¿Qué?

—Quisiera... Si no hubiera sido por ellos... Me emociono, Antonio, cuando pienso todo lo que han hecho, y lo que están dispuestos a hacer, por lo menos ella, doña Paloma.

—Dale las gracias. Te lo he dicho y lo repito: dales las gracias en tu nombre y en el mío. También en el de Juan, que está hecho un hombre.

Te miró. Estaba contento, no había más que observarlo unos momentos. Por eso aproveché la ocasión para hablarle de nuestro casamiento.

—Otra cosa, Antonio. ¿Tú habías pensado que... que estamos a medio casar?

Vi que su rostro se ensombrecía. Luego, pronto, se serenó.

—No, la verdad; no lo había pensado. Es decir, alguna vez... Pero, si quieres que te sea sincero, ni siquiera me importaba.

—Ahora...

Te dijo a ti, como si ya no le importaran mis palabras:

—Ven aquí, Juan. Hace tiempo que no jugamos a nada.

—¿No quieres que te hable de esto? —le pregunté

Me miró unos momentos.

—Bueno, habla —dijo.

—Mira, puedo hablar con el párroco de San Nicolás, que es donde bautizamos a Juan, y...

Tú te habías acercado a él, y nos mirabas como intrigado por todo aquello que estábamos hablando.

—Lebrel —te decía—, nos has dado un susto con esa enfermedad.

—¿Qué te parece? —pregunté.

—¿Eh?

—No me escuchas.

—Sí, mujer. Ve a hablar con el cura, claro.

Le hubiera dado un abrazo. Lo había dicho sin mirarme, pendiente de ti, y empezó a decirte de nuevo:

—Un susto gordo, ¿sabes? Ahora, mucho cuidadito con mojarte las manos en la pila, ¿eh?, que te he visto muchas veces chapotear ahí, y eso, además de ser malo para tu salud, es también de mariquitas, ¿estamos?

Tú dijiste:

—Es que quiero ayudar a mamá.

—Bueno, nada de ayudas —cortó él.

Habíamos pasado otros días malos, y ahora, cuando

ya estaba todo normalizado, yo me preparaba para el casamiento por la Iglesia. Padre me dijo:

—Te lo habrán dicho allí, en Argüelles, y a lo mejor hasta te lo han exigido. No es que me importe, aunque nadie debe meterse en la vida de los demás.

—Lo creen, y es un deber de cristianos, Antonio.

—Cada uno ha de hacer lo que le dicte su conciencia, y nada más; así que, si vamos a la iglesia, es porque yo no soy ningún salvaje y también porque sé amoldarme a las circuntancias y hacer lo que corresponde viviendo en un país donde "las cosas son así". Pero...

Nos casamos. Tú viniste a la iglesia. Aquel día también lloré, acordándome de muchas cosas: de mi casa en la capital de provincias, de mis padres muertos, de mis ilusiones de muchacha, de las bodas que yo había visto en la basílica de la patrona, de las visitas de aquel muchacho (tu padre, poco tiempo después) con uniforme de guardia, de cuando me abrazó, de mi entrega, de mi dolor y mi felicidad, de mis temores, de la tristeza por vivir sola, del miedo de siempre...

Doña Paloma había venido a la iglesia, y sin el coche, para ser madrina, mientras un viejo amigo de tu padre se ofreció y fue el padrino. Yo, aquel día, viéndote a ti, Juan, de cuatro años ya, no podía sino dejarme arrastrar por un llanto necesario.

IX

—Ya llegarán mejores tiempos, Antonio —le decía yo a tu padre por ver si lo animaba.

Poco era lo que conseguía. Ahora pienso en cómo se habrá quedado al recibir la carta. Saldrá a la calle y andará como un borracho. Entonces también se tambaleaba. Era joven, pero parecía un hombre acabado. Solamente la noche del sábado "revivía" un poco, dándose cuenta de que estaba acostado conmigo.

—¿Crees tú que tengo ganas de broma, Antonio?

—¿Es broma esto?

—No sé lo que es ya, ni siquiera lo sé... —le decía, pues lo que menos pensaba yo era en seguir buscando caminos de ilusión o en resucitar algún viejo sueño, largo tiempo muerto.

Los domingos por la mañana él se entretenía en preparar astillas, de cajones viejos que me daban en la tienda, para poder guisar ahorrando carbón. Tú jugabas, como siempre, ajeno a todo. Habías crecido mucho, pero estabas delgadísimo. Tuve miedo de que cogieras una tuberculosis, o la meningitis, que eran, al parecer, y según las conversaciones que yo oía por ahí, las enfermedades de moda. Muchos de los niños que nacían por entonces estaban condenados a sufrir las consecuencias de una guerra que había dejado sus huellas. Había padres tuberculosos y padres sifilíticos que querían, sin embargo, hacer el amor con sus esposas, procrear, sin pensar en nada, sedientos y hambrientos de besos y de carne de mujer. Oía hablar de casos que me espeluznaban, de hombres que, en los hospitales donde reposaban o intentaban curarse de una enfermedad que los llevaría a la muerte o los dejaría tarados para siempre, cuando sus mujeres los visitaban se metían con ellas en los retretes, para dejarles la semilla de la que nacerían hijos enfermos ya. Yo tenía aprensión, temía por tu salud. Tu padre no había tenido nunca ninguna mala enfermedad ni yo tampoco. Si tú crecías un tanto enclenque se debía a la falta de nutrición, no a otra cosa. Pero por la falta de nutrición venían las úlceras, y los bacilos de Koch, incluso la parálisis, según lo que yo oía.

También —y volviendo a las mañana de domingo— solía marcharse tu padre por ahí, llevándote a ti. A veces os dirigíais al Rastro, buscando algunas ropas viejas por cuatro perras, o algún cacharro que me pudiera ser útil en la cocina. A mí, al principio, me daba aprensión de que trajera cosas usadas. Luego me hice a todo. Le había llegado a decir que me gustaba lo nuevo.

—No digo que compres, pues sé conformarme. Pero eso que sabe Dios a quién habrá pertenecido.

Él me miraba unos segundos, para decir, disgustado:

—Sólo faltaba que, ahora, tuvieses pretensiones de mujer rica.

No me gustaban esas salidas de tu padre. Siempre, pese a ser un hombre aparentemente seco, me trataba con delicadeza. Ahora, las circunstancias nos empujaban a discutir, a mirarnos con gesto agrio, por menos de nada.

—Sabes que no, Antonio, y me duele que lo digas. He sido una mujer sacrificada, que se ha conformado y se sigue conformando con lo poco que la vida le da. Por eso, Antonio...

—Bueno, no ha sido para tanto...

—Pretensiones de rica, yo... A veces me da la sensación de que no soy para ti sino como una desconocida, que no me comprendes.

Se separaba de mi lado. Yo sentía, de pronto, unos enormes deseos de llorar, durante aquellas casi insoportables horas del domingo, quedándome sola en casa. Pero él, y tú, estaba, estabais allí, y me aguantaba. Él salía después al terrado contigo, y yo oía vuestras palabras. Luego venía a ayudarme a preparar la mesa. Comíamos en la cocina. Yo, como he dicho en otra ocasión, solía guisar un arroz seco, una paella, como se dice, aunque en nada se parecieran esos arroces míos a los que hacen en Valencia. El guiso, sin embargo, olía muy bien y tenía buen sabor, pues a falta de conejo y pollo yo descargaba sobrecitos de condimento y le ponía unas tiras de pimientos rojos, y con todo eso y a veces unos caracoles o unas gambas y un poco de sepia, me salía bastante bien. Padre había subido una botella de vino y un sifón. Para después preparaba unas sardinas, o una fritada de despojos, algo que resultase económico y nos alimentara. Tu padre no se quejaba, pese a que las comidas debían de rasparle sus llagas del estómago. Para la noche le llevaba un poco de leche de vaca y solía hacerle una tortilla a la francesa. Yo casi nunca cenaba. O me comía, sin sentarme, un trozo de pan regado con vino. Tú te comías un huevo frito, que muchas veces te sentaba mal, no sé si por el aceite, que era malo, de semillas; pero te gustaba más que la tortilla, y yo, no pudiendo darte algo que fuese verdaderamente bueno, te daba aquel gusto.

Cuando padre y tú os ibais por ahí, yo me quedaba ancha y un poco libre, no para cantar mientras arreglaba la casa o hacía la comida, como otras mujeres, sino, por el contrario, para llorar, si me venía en gana, y para pensar, sobre todo, en la manera de encontrar una colocación mejor para tu padre. A veces pensaba en voz alta. Iba de un sitio para otro hablando sola. Llegué a tener miedo, en ciertos momentos, pues de pronto me paraba diciéndome, preguntándome qué era lo que me pasaba. Hablaba de tu padre, de ti, de los señores de Jiménez Luna, de los del principal, de los porteros, de las mujeres que había conocido en la calle, en las colas del pan y de la carbonería, y hablaba de mis padres. De pronto empecé a recordarlos a cada momento. Teníamos una fotografía ampliada, en una pared del comedor, y los veía allí, mirándome siempre, y entonces los recordaba, llenándoseme los ojos de lágrimas, diciéndome, sin embargo, que debía ser más fuerte, más dura, tener más energía para soportarlo todo.

Por aquel tiempo, la foto ampliada de mis padres me traía el recuerdo de la casa que tuve que abandonar. Recordaba, sobre todo, los tiempos felices, cuando mi padre aún tenía escuela y yo, ilusionada, iba al Instituto, luego a la Normal, con el propósito de ser maestra y seguir una tradición de familia, pues mi abuela paterna también lo había sido. Mis padres se habían casado tarde y yo, único fruto del matrimonio, era su felicidad, la gran ilusión, su orgullo, pues siempre estaban con mi nombre en la boca y mimándome a todo momento... El abuelo, que se llamaba como tú te llamas, solía llevarme de paseo al parque, durante el buen tiempo. A veces también iba la abuela, pero ella, delicada, prefería, por lo general, quedarse en casa. Él me hablaba de su escuela, de los niños, de sus peleas de siempre, y de la gran ilusión que tenía puesta en mí. Yo era una niña espigadita, de piernas muy delgadas, los ojos un poco hundidos, el cabello castaño claro, que apenas sonreía, y me gustaba fijarme en las palomas blancas que venían a posarse junto a nuestros pies, buscando las semillas que les echábamos. Otras chicas de mi edad venían a saludarme, a decirme "¡hola!", y luego se iban, formando grupos, mientras el abuelo y yo seguíamos andando despacio por las frescas avenidas, por los regados paseos de grava, percibiendo el olor de los pinos y las flores. El abuelo se compraba un periódico o revista de Madrid y entonces nos sentábamos en un banco, y leía, dándome explicaciones constantemente sobre lo que estaba leyendo. Luego, si había concierto por la banda municipal, nos acercábamos a la explanada, y oíamos, sentados en sillas de enea, las composiciones del programa, casi siempre a base de preludios y fragmentos de zarzuelas. Mi padre era un entusiasta, casi furibundo, de la zarzuela, y se extasiaba oyendo las composiciones de Serrano, de Vives, de Caballero, de Alonso, de Guerrero... Luego, de regreso a casa, me decía que no había nada mejor que aquella música, tan española, tan alegre, tan sana, tan pegadiza, tan auténticamente nuestra. Y tarareaba sonecillos de "La verbena de la Paloma", de "La Dolorosa", de "La Gran Vía", etc.

Sin apenas advertirlo, mientras pelaba unas patatas, o unas cebollas, que llenaban de su fuerte olor la buhardilla y hasta me hacían llorar, había ido hablando en voz alta de aquella vida, de aquellos tiempos, cuando mis padres, camino de su vejez, tenían todas las ilusiones puestas en mí. Me detenía un momento y miraba hacia la ampliación. Otras veces me había parecido que por lo menos el abuelo tenía una mirada de ilusión en sus ojos, un poco miopes; pero ahora comprendía que aquella mirada, como la de la abuela, dirigida una y otra a mí, era, eran, de un total y triste desencanto. Parecía como si me estuviesen viendo, como si se hubieran convertido, por arte de no sé qué varita mágica, en los seres de carne y hueso que fueron y ahora se acercaran a verme, a verme en esta buhardilla, tan triste (la buhardilla y yo, todo), sin ser la maestra que ellos querían, sin tener siquiera para comer lo que necesitamos, sin ver, para mañana, un camino mejor, una vida con menos pobreza. Al verlos, tan fijos sus ojos en mí, me parecía que su gesto de triste desencanto se acentuaba, y me parecía asimismo que, poco a poco, aquel gesto, tan acusado ya, deformaba sus rostros, haciendo que los ojos se les humedecieran, por lo que llegué a creer que caían lágrimas de la fotografía.

No quería mirarlos ya. No podía resistir esa mirada fija, ese gesto de tristeza, de desilusión, y a punto estuve de descolgar el cuadro con la foto. Recuerdo que lo iba a hacer un mediodía, la comida a punto ya, y entonces oí llamar, oí tus palmadas sobre la madera de la puerta y luego los pasos de padre, que subía un poco más atrás, y al instante la llave, moviendo el pestillo. Al entrar vosotros me quedé quieta, debajo de la fotografía, con una silla preparada para subir y alcanzar lo que, aquella mañana, parecía acusarme de esa pobreza, de esa casi miseria en que discurrían nuestras vidas.

Comimos sin hablar mucho. Sólo tú, Juan, hablaste del fútbol que habías visto. Padre había traído unas hojas de periódico, tal vez de una taberna donde otro, más afortunado, las habría dejado después de comerse su almuerzo. Se puso a leer una crónica deportiva. En otras hojas se hablaba de política, de la guerra mundial, del avance de los aliados sobre los frentes alemanes, pero tu padre —lo recuerdo bien— no hizo más que dirigir una ligera ojeada a los titulares, como si aquellas palabras que hablaban de lucha, de combates, de muertes, pudieran romper por completo su estómago herido y su corazón cansado.

Las tardes se nos hacían largas, aburridas casi siempre. Yo, si hacía buen tiempo, me salía al terrado y tomaba la canastilla de la costura y repasaba calcetines, los monos de tu padre, tus pantaloncitos, y camisas, y mis batas y combinaciones, tan llenas de puntos ya. Hubiera querido que, por lo menos alguna vez, él se quedara allí, a mi lado, para que los dos, dejando yo de coser un momento, mirásemos hacia la calle, tan estrecha, con los balcones de uno y otro lado como si fueran a rozarse, con las gentes que pasaban, andando sobre el suelo ennegrecido; hubiera querido que los dos, apoyados en la barandilla, mirásemos hacia otras terrazas o azoteas, hacia las torres que se veían aquí y allá, hacia todos los desiguales edificios, y hacia los tendidos eléctricos, y hacia las manchas verdes, vistas o presentidas, de los jardines, glorietas y parques, y mientras, así, unidos, uno al lado del otro, ir hablando de cosas, de lo que fuera, de lo que podríamos hacer, por ejemplo, más adelante, si por alguna circunstancia todo empezaba a ir mejor. Eso —pensaba yo— podía proporcionarnos alguna ilusión. Pero tu padre no quería hablar de nada. Ni siquiera estar allí más de cinco minutos, en silencio. Si alguna vez yo había iniciado conversación sobre lo que podríamos hacer en un futuro más o menos próximo, y hablando precisamente en el terrado, bien en esas largas tardes de los domingos, o en cualquier anochecer del buen tiempo, él, tu padre, decía que aún me gustaba soñar, como si tuviera edad de leer cuentos de hadas. Yo comprendía que él, por entonces, se estaba volviendo áspero, seco, huraño, con tendencia a encerrarse en un mutismo que quizá fuera para siempre. Intentaba hablarle de cualquier cosa, de cómo lo pasabais por las mañanas, si tú te divertías más viendo a los futbolistas darle al balón, allá en Vallecas o en Cuatro Caminos, que cuando ibais al Retiro, diciéndome que tú te divertías en todas partes por igual, añadiendo, sin que yo le preguntara (no era oportuno preguntar), que incluso él también solía divertirse en todas partes igual, dejando, al decir esto, una media, fría y triste sonrisa en su boca mal alimentada.

Pero yo sabía que no se mostraba así por mero capricho, ni por hacerme sufrir a mí sin otra razón mayor. Estaba sin fuerzas, más débil cada día. Tenía dolor y no se quejaba. Pero el agotamiento llega, y por eso no me extrañó nada ver cómo un día lo entraban en casa, desmayado, sus compañeros de la obra.

X

—Ángel, te has echado ahí, a los pies de la cama... Ha hecho bien. Seguramente creerá que estoy dormida. No podré dormir por más que lo intente. Veré serpientes, o dragones, o mujeres convertidas en monstruos, que vendrán, al menor descuido mío, a robarte la sangre. Ahora me parecía que una mujer joven, con cuerpo de caballo, reptaba por esa ventana. He abierto mucho los ojos, pero no he visto más que las sombras de la persiana y los globos de amarillenta luz, y luego, más acá, al enfermero celador, que ha pasado, casi como algo que no pisa el suelo, para después venir a mi lado y preguntarme, creo, pues no he entendido nada, si deseaba alguna cosa.

Yo pienso, y lloro sin llorar, y veo mi vida, la vida de todos nosotros, que pasa por ahí delante, que se detiene unos momentos, agigantándose muchas de las duras escenas sobre este corazón partido.

—Me alegro de que duermas. Se lo diré a Juan... Ángel duerme, Juan. Habrá venido directamente desde el trabajo. Ni siquiera se ha mudado. ¿Qué sobresalto, qué impresión y qué dolor habrá experimentado al recibir el telegrama? Ahí está, removiéndose ahora un poco. Seguro que se quedará frío.

—Ángel, ven...

Ahora no sé si está bien lo que hago, Juan. Me bajo de la cama. Siento temblor en las piernas. Me da frío, y pienso que si quitaran un momento la calefacción, Ángel y yo nos quedaríamos muertos al instante.

—Ven, Ángel...

Lo arrastro hacia el centro de la cama. Está rendido.

—...Soy tu madre, Ángel. Puedes quedarte conmigo...

Estiro sus piernas. El pantalón es de tela fría. Ya está en posición normal, a lo largo de la cama. Lo arropo bien. Yo dormiré en la orilla. ¿Qué pensarán los que nos vean? Ángel abre los ojos, se incorpora. No quiere echarse. Me mira unos instantes. Diría que tiene miedo. Le miro yo también, y empiezo a acariciarlo con estas manos que tiemblan. Se aparta, retrocede, parece como si quisiera huir de mi lado.

—Bien, Ángel. Quédate fuera. ¿Vas a pasear un poco? ¿Quieres fumar? Ponte la cazadora, anda. Yo no duermo, y estoy rendida. Los monstruos pueden venir si cierro los ojos. Fuma y tranquilízate, y no pienses mal porque te metía en la cama.

¿Por qué pienso que alguien puede venir a robarme el hijo? ¿Está Luisa por ahí? Mira, Juan, no sé si alguna vez me oíste nombrar a Soledad. Ahora me estoy acordando de ella. Se convirtió en serpiente, en monstruo, para robarme algo, por lo menos una relativa paz. He pensado en Luisa, y entonces me llega el recuerdo de Soledad. ¿Hay algo común en ellas? Siempre he creído que las personas, algunas personas, cuando se acercan a otras con aviesas intenciones, se convierten en monstruos, en animales dañinos. Quizá sea porque, de muchacha, leí algunos libros de mi padre que trataban de mitología. Recuerdo vagamente algunos casos que me espeluznan leerlos. El dios Zeus, o Júpiter, según los romanos, para poseer a Alcmena, hija de Electrión, rey de Tebas, y nieta de Perseo, tuvo que transformarse en Anfitrión, el esposo, que era rey de Tirinto. Durante una larga ausencia de Anfitrión, el poderoso Zeus pudo acostarse una y otra vez con la bella Alcmena. Nunca he olvidado esta escena, que me impresionó al leerla, como también me impresionaron otras de parecida índole, y que igualmente recuerdo, en las que yo leía que Zeus, para poseer a las más bellas divinidades del Olimpo, o a hermosas mujeres de la Tierra, hijas de reyes y de héroes, se transformaba en fuego, o en cualquier clase de animal, según las circunstancias.

Soledad tenía cara de ninfa, cuerpo de nereida con hambre de pan y de vida regalada. Entró en nuestra casa, y entonces fue cuando la vi convertida en un monstruo, aunque quizá no lo fuera tanto, pues es posible que le deba a ella el que tu padre engendrara en mí a Ángeles y después a José Antonio.

Pienso en todo esto ahora. Ángel va por ahí. Vuelve y se sienta en una butaca. Todo es silencio en el hospital. Mañana traerán los documentos que faltan, y nos iremos. Nos dirán adiós estas gentes de lengua extraña. Caminaremos por las amplias carreteras de este país, adonde nunca más quisiera volver. Cruzaremos Francia, y veré a tu padre, con cara de muerto, esperándonos en la frontera española. Luego... Luego te lloraré, Juan. Ahora me encuentro seca de lágrimas. Me pesa la vida, los años que te he llevado pegado a mis carnes, porque, aunque estuvieras en el taller, con la novia, o acostado con esa mujer adúltera que te ha exprimido, y aunque después te vinieras a este país mojado y frío, tú estabas a mi lado, palpitabas pegado a mí, dentro de mí.

Ahora veo a Soledad. A Sole, pues así la llamaban.

Tu padre no podía trabajar, y era preciso que yo me lanzara de nuevo a la calle. Nadie me lo impediría.

—Tienes que quedarte en casa, Antonio. Por tu salud. Morirás pronto si vuelves a levantar adoquines.

—Ahora estábamos limpiando alcantarillas, cloacas —dijo, y escupió sin fuerzas.

Oía hablar en la tienda, en el horno, en cualquier lugar de la calle donde se juntaban varias mujeres. Hablaban de sus compras y ventas, y de los negocios que habían iniciado algunas conocidas. A mí me asombraba un tanto que lo comentaran abiertamente, cuando aquellas compras y ventas pertenecían a un mercado clandestino. Quizá no les diera miedo comentarlo en voz alta, incluso señalando nombres, personas, por la sencilla razón de que la gente, golpeada por la dureza de aquellos años, iba perdiendo mucho el temor, incluso el respeto a las más severas leyes. También porque todas aquellas gentes —mujeres, por lo general— que se habían lanzado a comprar y vender productos intervenidos, lo hacían en pequeña escala, y eso no empujaba a que nadie movilizara fuerzas, ni menos a iniciar una investigación, cuando, por otro lado, las transacciones que se hacían en aquel mercado alcanzaban sumas de miles y miles de pesetas, y aun de millones. Esa actividad de las mujeres que tenían a sus esposos presos, o enfermos, o se habían quedado viudas a consecuencia de la guerra, no era sino forzada por las circunstancias, ya que, generalmente, ninguna de aquellas hembras que salían hacia los pueblos en busca de harina sentía la mínima vocación por el comercio, vocación que podía desvanecerse por completo cuando, como entonces, comerciar de la forma que lo hacían era poco menos que vivir arrastrándose.

A mí —bien lo recuerdo— me temblaron las piernas, pero busqué fuerzas donde nunca creí poderlas hallar, en este corazón mío, con síntomas de agotamiento ya, y me lancé, como tantísimas otras, a la calle, a las estaciones, para salir fuera de Madrid, hacia los pueblos castellanos y manchegos. Pronto conocí muchas mujeres dedicadas al mismo menester que yo, que salían a comprar harina, lentejas, aceite... Yo, principianta, iba un poco más arreglada, y hablaba menos, y sentía temblores, sobresaltos, miedo. Llevaba un maletín que conservaba de cuando era soltera, para disimular ante los agentes de la Fiscalía. Hice unos cuantos viajes y no pasó nada. Eso me animó. Traía harina blanca, de trigo, muy buena, que me la pagaban a cuatro o cinco pesetas más de como a mí me había costado por kilo. Pero en mi maletín no cabía sino una cantidad no superior a quince kilos. No ganaba apenas, pues a veces el viaje era largo y entre billete, y comprar algo de comida, se me iban casi todos los beneficios. Tomé más vasijas, una cesta de mimbre, cuadrada, de las que llaman de maleta, y la llenaba de saquitos. Si primeramente pasé inadvertida para los guardias y agentes de la Fiscalía, que andaban por las estaciones y trenes, ahora ya era localizada fácilmente, pues había entrado a formar parte de aquella casi multitud de mujeres, que se diferenciaban muy poco de las que, durante la guerra, cuando apenas si corría el dinero, se habían dedicado al intercambio. Si aquéllas habían llegado a perderles el respeto a los guardias de Asalto (esas cosas las sabía yo por tu padre, que fue muchas veces de servicio en los trenes, pasándolo bastante mal ante grupos de mujeres desgreñadas, vociferantes, chillonas, terriblemente desbragadas, que habían salido de la capital con telas, zapatos, encajes, artículos de tocador, etcétera, hacia los pueblos, en donde, a cambio de toda su quincalla, cargaban harina, pan, huevos, carne, aceite, patatas, tocino, etc.); si aquellas mujeres, digo, se habían atrevido a gritar a los guardias, a mostrarles los puños, a forcejear con ellos intentando incluso, en algunas ocasiones, desarmarlos, todo revuelto ya, todo como empujado por el desespero de la lucha, estas otras ahora, entre las que me encontraba yo, éramos, más que fuertes y más que peligrosas, mujeres tristes, acobardadas, con mala lengua algunas, con mucho de fatalismo todas, con miedo de hablar, con miedo por cien cosas, pero al mismo tiempo como si ese miedo nos fuese llevando poco a poco hacia los caminos de la más honda amargura y desesperación, donde nada importa.

Iba teniendo suerte, pero a casi todas, un día u otro, les quitaban la mercancía, sancionándolas, y yo no iba a ser menos. Sufrí este revés. Me quitaron el género varias veces, ya en Madrid, orilla de la estación. No sabíamos dónde bajarnos ya. A veces lo hacíamos, si el tren aflojaba un poco, a las afueras, o en la maraña de vías, en los cambios de agujas, exponiéndonos a caídas, cosa que ocurría con frecuencia. Luego tomábamos la carga y salíamos, buscando un callejón, la mirada puesta en todas partes, el miedo temblando, o mejor, haciendo que temblara nuestro cuerpo, pues nos parecía que todo hombre que pasaba a nuestro lado, que venía cara a nosotras, era «uno de la Brigadilla», con autorización para preguntarnos qué traíamos y para registrar.

Salía muy temprano de casa, para regresar casi siempre de noche. Padre se quedaba conmigo. Me gustaba salir antes de que se levantara la señora Narcisa. Pero eso no impidió que, a veces, al ir a abrir la puerta de la calle, me topase con el señor Anselmo, que venía, con ojos soñolientos y el aspecto cansado, de la fábrica donde hacía de vigilante nocturno. Y entonces tuve más miedo. Si me iba temprano, y regresaba después de las diez de la noche, podría trabajar mucho tiempo —pensé— sin que los vecinos advirtieran nada. Al descubrirme el señor Anselmo creí que quizá pronto lo supieran los del principal izquierda, y entonces aquel incipiente negocio, más bien pequeño trapicheo, se vendría abajo. Quizá diera motivos —pensaba— para que de nuevo llamasen a tu padre, pues nosotros teníamos que andar con pies de plomo, que suele decirse. Pensé también, sin embargo, para animarme, que tal vez el señor Anselmo, por haberme visto en una sola ocasión cargada con el maletín y la cesta de mimbre, no sospechara nada. Pero pronto me lo volví a encontrar, varias veces ya, como si midiera el tiempo para poder verme, como si estuviera al acecho, y entonces empezó a sonreírme con cierta sorna, preguntándome un día, sin ningún rodeo, que cómo iba el estraperlo. Temblé, mientras él añadía que con eso se ganaban buenos dineros. Comprendí que estábamos perdidos. Pero apreté los puños y rechinaron mis dientes, pues se me iba pegando la dureza de aquel trabajo, de aquel sinvivir. Las mujeres que salían conmigo a los pueblos, estaban acostumbradas a todo. Tenían que hacer ese trabajo, lo mismo que yo, para no verse arrastradas por la miseria, y eso, tanto a ellas como a mí, nos daba una fuerza moral enorme para seguir, sin miedo, o venciendo el miedo, adelante. Por eso, mi caso no era sino uno más, e igualmente algo fuerte, más fuerte que yo misma, me empujaba a seguir mi marcha, por encima de todos los obstáculos, con el ánimo predispuesto ya a enfrentarme a todo el mundo si era preciso.

¡Cuánta lucha, Juan, en aquellos años! Tu padre, al fin, empezó a salir de casa. Él iba poco a poco, con una cartera de mano, repartiendo, de cinco en cinco kilos, la harina por ahí. Yo, cada día que pasaba, me parecía que iba a encontrar, echada por debajo de la puerta, una citación, algún papel de la policía en el que llamaran a tu padre para decirle que, enterados de nuestro comercio ilegal... ¡Cuántos sobresaltos, hijo, en las salas de espera de las estaciones, subida ya en el tren, al ver a los guardias civiles...! Algunas veces nos ayudaban los soldados. Ellos, al vernos, decían, en voz alta:

—Ya tenemos aquí a las estraperlistas.

Y añadían luego, como si quisieran mitigar nuestro miedo:

—Venga, señora, traiga pa cá esa cesta, y usté, traiga, lárguenos ese bolso, que aquí no toca ni mi padre.

Algunas mujeres, Juan, algunas de aquellas compañeras mías, jóvenes, solteras muchas, con maridos enfermos o en la cárcel otras, se dejaban arrastrar por esa protección, por esa ayuda, o por el temor a ser denunciadas; se dejaban llevar hacia donde se perdían, tirando la honra, la dignidad. Primero quizá lo hicieron porque anteponían sus necesidades a todo, luego... ¡Qué lenguaje se aprende! ¡Cuánto descaro! ¡Cómo poco a poco se pierde el pudor, la honradez! Pocas mujeres podrían seguir haciendo su vida normal ya, aunque se casaran, si eran solteras; aunque volviesen con sus maridos, si los tenían. Eran duros, ásperos los bofetones que nos daba la vida. Yo... Poco faltó para ser una más en aquella triste y dramática comparsa. ¡Cuántos asedios, cuántas vergüenzas por todas partes, cuántas humillaciones, hasta por gentes que creías más serias, con más dignidad! Por eso tenía razón tu padre cuando decía que yo a cuidar de ti, de él y de la casa. La mujer es para eso, cuando vivimos en un país donde más de la mitad de sus habitantes están por civilizar. Lloré mucho por entonces.

Un día me decomisaron el género. Por eso me quedé sentada en el suelo negro, sucio, mi seca espalda apoyada en una farola, sin subir al tren, en la estación de un pueblo manchego. Mis compañeras también sin mercancía me empujaron, intentando levantarme del suelo manchado de carbonilla. Recuerdo que hacía un calor enorme. Por delante de la estación había eras con montones de paja y trigo, con hacinas de mies. Pasaban carros y también hombres que miraban hacia la estación.

Había visto de más cerca los barbudos rostros de esos hombres, cuando, al tener que pernoctar en uno de estos pueblos, se dejaban caer, como ellos decían, cachazudos, con aire socarrón, con ademanes lentos, de cansinos, por la posada adonde habíamos ido a buscar cama. Ahora miraban desde lejos, y dirían: «Esas que esperan el tren son las estraperlistas». Verdad que algunas, pasadas ya por tamices más ásperos, se decían que bueno, que vamos a sacarle unas pesetas a este y aquel palurdo, y se iban con ellos, y luego —una vez por lo menos, que yo sepa, ocurrió así— en vez de venir con dinero llegaron borrachas y apaleadas, pues aquellos bestias, al no poder hacer lo que querían, optaron por un principio de violencia, cortado por alguien (alguno de ellos más sensato o civilizado), antes de llegar a la meta que se habían propuesto, desbordado ya en lujuria su viejo y mal contenido deseo de poseer. ¡Bestias sin alma! ¿Que creían que éramos nosotras? El mundo, por lo menos para mí, era un enorme monstruo, una enorme bestia que nos devoraba. Yo tenía horribles sueños, y en esas pesadillas veía la bola del mundo con patas de monstruo, con cabeza de monstruo, con un enorme griterío dentro, de todas las fieras, sus millones de habitantes, que voceaban hasta enronquecer, empujados por un salvajismo que hacía se mordieran, desesperadamente, unos a otros.

Me quedé allí, sentada en el suelo, la espalda apoyada en una farola, sin que mis compañeras pudieran levantarme. Cuando lo intentaron, me cogí fuertemente a aquella farola, clavando las uñas en la vieja pintura verde, y lloré, y pataleé, pero no pudieron subirme al tren. El tren llegó, paró un minuto y se fue, con su carga de asco y miseria. Aún vi a la pareja, luego, que había mandado a dos mozos de estación para que llevasen, en una carretilla, los bultos decomisados al cuartel.

Me vieron allí sentada, y me vio el jefe de estación, y los factores, y el guardagujas, y algunas gentes que habían acudido simplemente a ver pasar el tren. Me veían quieta, apretada sobre mí misma, llorar, pero sin que oyeran mi llanto, la cabeza inclinada, el puño derecho fuertemente apretado, golpeando a intervalos el insensible y sucio suelo de la estación.

Entonces fue cuando se me acercó Soledad, una muchacha que también estraperleaba, y que había preferido perder el tren por acompañarme, o quizá porque lo mismo que a todas, le habían quitado el género. No pude saberlo en aquellos momentos. Agradecí, sin embargo, el que se acercara a mi lado, con palabras cariñosas, antes de escapar, indiferente, hacia su casa, pues ella, según supe al instante, vivía en aquel pueblo.

XI

La había visto algunas veces, claro. Habíamos coincidido en algunos viajes. La miré un momento, y no supe qué decirle. Mi desesperación parecía tornarse desfallecimiento.

—Venga, levántese —dijo ella con cierta energía, pero también con algo suave que yo advertí, que a mí casi me acarició.

Miré hacia las oficinas de la estación. Tres hombres hablaban mirándonos. Vi que se nos acercaba uno, y entonces, antes de que pudiera prestarme ayuda, me levanté. El hombre se quedó parado, volviéndose después. Le oí hablar en voz alta, cerca ya de sus compañeros. Al parecer se había enfurecido, por lo que, al detenerse, lanzó un escupitajo sobre los negros adoquines.

Soledad me había tomado del brazo.

—Vamos a mi casa —anunció.

—Podría esperar otro tren aquí —murmuré.

—Vamos, apóyese en mí y no diga tonterías.

—Mi marido esperará —argumenté.

—Bueno, no es la primera noche que usted duerme en un pueblo, me parece.

Era una muchacha frescachona, de carnes duras, de ojos grandes, castaños, de piernas recias. Tenía lustre, pese a los tiempos que estábamos pasando. Había cumplido entonces veinte años, y yo envidiaba sus carnes, su fuerza, incluso su temperamento. No podría decir si Soledad se habría marchado, lo mismo que otras, con algún soldado, o simplemente con cualquier hombre de los muchos que, desaprensivos, proponían a una esto y lo otro. A mí, en aquellos momentos, Soledad me parecía la mejor de todas las mujeres. Me llevaba a su casa, Juan. Ya no estaba sola, pues tenía a alguien que se preocupaba de mí y por mí. El enorme dolor de momentos antes parecía esfumarse, y poco a poco mi pecho iba respirando con normalidad. Podía mirar a las gentes campesinas que comían pan blanco sin necesidad de esta lucha nuestra y no sentir ya el odio que en otro momento me inspiraban. Podía incluso mirar hacia el Cuartel de la Guardia Civil y no sentir unos deseos enormes de escupir con rabia en el suelo; todo porque Soledad me llevaba del brazo, me conducía, diciéndome palabras de ánimo, enérgicas pero al mismo tiempo cariñosas, hacia su casa.

Después, ya ves tú, esta misma mujer me parecería un monstruo. ¡Qué sabe una nunca lo que va a pasar mañana!... Me llevó a su casa, que más que pobre era mísera. Lo primero que vi al cruzar el hueco de la puerta, fue otra muchacha, sentada en el suelo. Algo debió de reflejarse en mi cara cuando Soledad me dijo:

—Vamos, pase. No se asuste. Esta es mi hermana Rosario, la tonta.

La muchacha se había levantado bruscamente, y daba saltos gritando, hasta que apareció la madre, una mujer seca, de pardas y raídas ropas, los cabellos desgreñados, medio sueltos, que me miró de reojo, y luego fue junto a la tonta, amenazándole con una vara que encontró a su paso, o que tenía precisamente allí al lado de la puerta, para usarla a dos por tres. Yo me había quedado quieta, pues la muchacha tonta me impresionó vivamente, dejándome como sin movimientos.

—Pase, pase. Vamos —rogaba Soledad.

Vi que Rosario, al ser amenazada por la madre, echaba a andar hacia el pozo, arrastrando la pierna derecha. Dijo algo que no entendí, algo así como que se tiraba al pozo. Soledad se echó a reír entonces, y luego se acercó a su hermana, empujándola suavemente. Yo, aturdida, asustada, miraba a las dos y a la madre, sin saber bien si todo aquello que veía y oía era real. El patio era estrecho y largo, una pared correspondía a la edificación de la casa y la otra servía de medianera con una vivienda parecida. Al fondo se veía una puerta atrancada con un palo y que, lo mismo que la de la calle, tenía varios remiendos de hojalata y chapa de cinc. Al parecer daba a un corral, pues más allá se oían cacareos de gallinas y el gruñido de un cerdo. El pozo estaba junto a la pared medianera, y al lado mismo, en un poyo de cemento, se veía un fregadero, un piloncillo de piedra labrada, con platos y pucheros de barro, algunos con lañas. La puerta de la vivienda tenía una cortina de saco y por las paredes, en sus hendiduras, pude ver bastantes cabellos, trozos de papel y trapo. La madre se ve que había empezado a peinarse cuando Soledad y yo entramos; por eso, antes de tomar la vara para amenazar a la tonta, se acercó a la pared y dejó en una de sus hendiduras un puñado de cabellos, largos y canos, que había sacado de entre las púas del peine.

No sé bien por qué yo recuerdo tanto lo que vi en aquellos momentos, y siento como una necesidad de detallarlo. Me parece verlo todo, pues todo me viene al pensar en Soledad. La casa estaba en una de las calles, largas y polvorientas, que terminaban en el campo, en los desmontes y terrenos, donde, casi siempre, se veía algún hato de gitanos. No me parecía Soledad una muchacha para vivir allí. Me había fijado en el gesto agrio de la madre al dirigirse, amenazante, a Rosario. Miré a la tonta, que se había calmado. Luego quise acercarme a ella, y entonces volvió a gritar, yéndose de nuevo hacia el pozo. El pozo tenía un brocal de tinaje y, sobre la tapadera de tablas, un gran pedrusco aseguraba el que Rosario no pudiera echarse como, según me dijo después Soledad, había hecho ya en una ocasión, unos años atrás. Entonces, cuando Soledad me contó ese suceso, yo me lo imaginé, pero no tal y como ocurrió, un determinado día de verano, casi a la hora en que aún los hombres no se han levantado de la siesta, sino como pudo haber ocurrido aquella tarde que yo entré en la casa. Y así llegó a parecerme que sucedió entonces, delante de mí, y que lo que Soledad me había contado no era sino lo que yo había visto. Era una mezcla de cosas imaginadas con otras presentidas, todo haciéndose realidad para mí, cada vez que lo recordaba, por lo que me parecía que yo volvía a ver algo que nunca había visto, es decir, que me parecía ver a las mujerucas de aquel lugar correr y gritar por las calles, y también a los chiquillos, diciendo que Rosario la tonta se había echado al pozo, y luego «veía» a los hombres, aún con los ojos hinchados y el gesto perezoso, recién salidos del camastro, que preguntaban qué era lo que ocurría, hasta que al fin, uno, otro, todos, iban llegando a la casa de la desgracia, para uno o dos bajar al pozo y sacar a Rosario, que no estaba sino aturdida por los golpes pero viva, como decían algunas mujeres, para seguir dando "*estorsión*".

Sentí dolor en el pecho, Juan, entonces, aquella tarde, al ver a la muchacha anormal, y lo he sentido después muchas veces, al recordarla, y al pensar que pudo arrojarse al pozo, como en realidad me lo ha llegado a parecer que sucedió, estando yo a su lado, casi rozándola. Rosario se había acercado al pozo y se cogía al tronco de la higuera semiseca, que había pegada a la pared. Soledad tiró de ella, diciéndole:

—Venga, tú, y no hagas más teatro, que ya no nos asustas.

La madre me miraba. Rosario obedeció a Soledad, y luego la anormal se me acercó, alargando sus manos temblorosas.

—Uté no d'aquí, ¿vedá? —dijo.

—No —le dije.

Después volvió a gritar. Habían empujado la puerta de la calle, apareciendo dos chiquillos como de ocho y diez años.

—Que venimos —dijo el mayor—, y con carga. Abrieron la puerta de par en par, y entraron unos sacos a medio llenar. Los chiquillos tiraban de los sacos, como unos veinte kilos en cada uno de espigas machacadas, recogidas por la mañana en los rastrojos. Llevaban pantalones ni largos ni cortos, remendados, y las piernas sucias de tierra, con un vello rojizo, requemado por el sol. En la cara se les veían relejes recientes, como de haber comino uvas o melón. Soledad fue a ayudarlos.

—¿Habéis visto a padre? —les preguntó.

—Han volcao —dijo el pequeño.

—Calla —le chistó el otro.

Soledad preguntaba de nuevo, interesándose por el accidente. La madre miró unos momentos, pero como si lo que decían la tuviese sin cuidado. Yo miraba también, sin perder de vista al mismo tiempo a Rosario, que repetía a cada instante:

—Uté no d'aquí, ¿vedá?

—No, no —le contestaba, rápida.

Y volvía a fijarme en los chiquillos, que contaban cómo el padre, peón en una de las eras más importantes del pueblo, había volcado con el carro, cargado de mies, al salir del rastrojo. Soledad, malhumorada, decía:

—No, si este año... Es lo que faltaba, pues andan tibios ya el señor Alfredo y padre. Si no lo despide, milagro será.

El pequeño se pellizcaba la nariz y estrujaba luego con la yema de los dedos el moco seco. Rosario empezó a dar vueltas por el patio, entonando una canción que no entendíamos. Soledad, como si de pronto recordara que yo estaba allí y que era su huésped, tomó una silla baja, de asiento de esparto, y me la ofreció, mientras miraba a la madre como con reproche, quizá porque ni siquiera había dicho dos palabras con respecto al vuelco del padre. Le dijo:

—Usted...

Y la madre saltó:

—¿Qué?

—Nada.

—Entonces...

Luego, la madre mandó a los muchachos que fuesen a traer algo para el gorrino, un puñado de granzas, por ahí, a una era, pues aquella tarde no tenía harina para hacerle amasijo. Soledad le decía mientras tanto que yo era una compañera y que me iba a quedar a pasar la noche allí.

—¿Compañera tuya...? —murmuró.

Lo dijo con cierto desprecio y sentí deseos de marcharme. Luego me separé, al tiempo que la mujer parecía desendurecerse.

—Bueno, la fonda es poco grata, ya lo verá. Si no tiene otra cosa mejor, pues, mire, aquí ya ve lo que hay...

Todo aquello me había mareado. Sentada, mirando

a la pobre idiota, pero al mismo tiempo sin querer verla, sentí asco, ganas de vomitar. De momento, lo que sucedía a mi alrededor, puesto cerca de mí repentinamente, hizo que casi me olvidara de los terribles momentos pasados en la estación. Pero empecé a pensar de nuevo en el género que me habían decomisado y luego en padre y en ti. Él estaría impaciente, desde aquella hora del anochecer, y después su impaciencia crecería hasta tenerlo toda la noche paseándose por la casa, las manos metidas en los bolsillos de los pantalones, la cabeza gacha, el oído atento al mínimo ruido. Soledad, observándome, dijo:

—Bueno, no hay que ponerse triste. —Y añadió—: Mire, mañana yo voy a una casa y cargamos algo, aunque usted se haya quedado sin dinero, si es que lo empleó todo. A mí me conocen y puedo llevarme la mercancía para pagarla después. Así que cargamos unos kilos, y en el mixto de las diez, nos largamos, ¿qué le parece?

—Mejor que yo me vaya esta noche.

—¿Esta noche?

—Sí. ¿A qué hora pasa el expreso? Para el billete tengo dinero.

—El expreso no para aquí.

—¿No?

—Pero si va a quedarse, ¿para qué dice nada?

Pude haberme ido a una posada, pero no me pareció bien, después de las atenciones que Soledad tenía conmigo.

Esperé allí. Vi entrar al padre, anochecido ya, un

hombre rechoncho, con el rostro como hinchado, barbudo, que dijo «buenas noches» y se fue derecho al corral, para dejar un puñado de grama que traía en la mano. Luego salió y dijo, sin mirar a nadie:

—Esta noche me quedo en la era.

—¿Y lo del volcazo? —preguntó Soledad.

—El carro, bastante malparado.

—Se pondría tibio el señor Alfredo.

—Ah, sí...

El hombre se iba, sin haber mirado a su esposa, después de dirigirme una rápida mirada a mí, como si no existiera Rosario. Soledad lo retuvo. Me señaló a mí.

—Mire —le dijo—, no quería irse sin nada y le he dicho que se quede, que mañana...

El hombre dijo, echando a andar de nuevo:

—Bien. —Y añadió—: Me voy pa la era.

Le vi alejarse. Los chiquillos estaban junto a la puerta. Rosario había dicho:

—Pade, pade, eta mujé nod' aquí...

Pero él no la miró hasta que, con un pie en el umbral ya, volvió la cabeza y esbozó una sonrisa que se partía como algo desgarrado por una honda tristeza. Dijo:

—Ya lo sé, Rosario.

Y estas pocas palabras del hombre me parecieron enormemente buenas, como repletas de un amor que él llevara allí dentro, muy escondido, y que sólo sacara así, en parcas expresiones, en pocas y casi fugaces miradas dirigidas a su hija tonta.

Se fue. La madre refunfuñaba.

—Una siempre es la que tiene la culpa. De todo...

La vi levantar la cortina de saco, para entrar en la casa, de donde salió luego con una mesita baja, en donde puso una fuente de barro rojo, y en la que, después, iría echando trozos de tomate crudo.

—Una la que aguanta, la que se carga con todo.

Un grupo de chiquillos pasaba por la puerta, donde se detuvieron para mirar hacia el patio. Los de la casa parecían encogerse, quietos, tímidos, como acobardados, pues los otros ya habían empezado a recitar la que, al parecer, era una vieja letanía. Decían, a coro:

—Que salga, que salga...

Y entonces, Rosario echaba a correr hacia la calle, con una piedra en la mano. Al momento, la madre y Soledad ya estaban en pie, y yo mirándolas, y los chiquillos arrimándose más a la pared, mientras los de la calle se preparaban para huir a toda carrera. Fue Soledad la que se adelantó, encarándose con los chicos:

—¿Quién tiene que salir? ¡Eh, quién! Si os agarro...

Rosario lloraba, sentada en tierra y trazando líneas torcidas con la piedra que no tiró a los chiquillos.

—Castigo... —decía Soledad, y la miraba, quizá sin poderlo evitar, y luego a sus hermanos, a los que les dijo—: Y vosotros, ¿qué?, unos mierdas, ¿no? ¡Valientes hombres seréis! Si los cojo yo... Debierais comérolos. Sí, sí. No me miréis con esa cara de bobos. ¡Qué mala leche les dieron a los...!

Me resultaban terriblemente ásperas aquellas palabras de Soledad. No parecía la misma que se me había acercado en la estación. Hasta su rostro, ovalado, hermoso, parecía haberse desfigurado. Comprendí que en aquella casa no se podría vivir más que con el gesto agrio, con el corazón amargado.

—Perdone usted —me dijo luego—. Pero es que todos los santos de los días igual, igual... ¡Dichosa chusma!

La madre cortaba el tomate, luego cortó en minúsculos trocitos un diente de ajo, lo esparció por encima, puso sal y aceite, le dio vuelta, y dijo que cuando quisiéramos podíamos sentarnos a cenar. Los chiquillos se acercaron, con ojos de hambre, pero tímidos, como atemorizados, mientras que Rosario parecía ajena a todo, echada aún en el suelo, canturreando, así hasta que la madre fue y se la trajo, increíblemente serena y casi amable, al tiempo que Soledad me daba pan, diciéndome que hala, que mojara en la ensalada, que después tenían un poco de tocino, frito por la mañana.

Era, sin embargo, una hermosa hora aquella. Me hubiera gustado salir de la casa, irme a un campo, a una era, y quedarme allí tendida en un surco o en las mieses, y ver las estrellas, y oír el cántico de los grillos, y emborracharme del frescor de la noche, del silencio, de la paz de la noche. Estábamos en el patio, bajo una bombilla amarillenta, y sobre nuestras cabezas volaban, torpemente, las luciérnagas y las mariposillas. Comíamos, sin hablar, y yo, con mi enorme deseo de querer encontrar algo hermoso, algo que no hiriese, pensaba en toda una noche tendida sobre la tierra, en donde me esforzaría para no pensar en Rosario, ni en aquellos chiquillos con cara de hambre, ni en las palabras ásperas de Soledad, ni en la sequedad e indiferencia de la madre, ni siquiera, tampoco, en las pocas pero buenas, cargadas de una oculta ternura, del padre. Y para, si me era posible, no pensar tampoco en vosotros, en padre y en ti, en la inquietud, casi desesperación de él, al ver que la noche avanzaba sin que yo hubiese llegado.

Por eso, lo que más agradecí a Soledad es que me dijera que tendría que dormir en el zaguán, nada más trasponer la puerta con cortina de saco.

—Ahí le pondremos una saca y... Me parece que estará más fresca que si se mete con mi madre.

Eso se lo agradecí de veras, porque así, luego, cuando ya todos se habían ido a la cama, yo tiré de la saca y de la manta, huyendo de techos, para, de esta forma, después, con los ojos hacia las estrellas, descargar mi cabeza de pensamientos y mi corazón de zozobras. Oí canciones de mozos, cantos de grillos, ladridos de perros; vi volar una estrella, y recorrí con mis ojos los algodonosos resplandores de la Vía Láctea. Así una hora, y otra, hasta que, después de mover unos instantes los labios (no sé bien si hablándole a aquel limpio cielo, o recitando una vieja y nunca olvidada oración) me quedé dormida.

XII

¿QUÉ RUIDO ES ÉSE? ¿Es Ángel el que grita? No, Ángel se ha quedado dormido ahí, en la butaca. No oirá nada. Yo sí oigo unos ruidos tremendos, y me estremezco, siento miedo. Es el viento, creo. El viento y los graznidos de pajarracos. ¿Es eso, Juan? ¿Por qué ahora oigo yo todos estos ruidos? Me parece que esta noche es como una sombra interminable, como el andar por un túnel sin luz, muy largo, del que nunca, aunque acelere el paso, podré salir. Me duelen los ojos. En algunos momentos he creído que al fin me iba a dormir. No ha sido así. He estado recordando. Toda esta larga noche se ha hecho recuerdo. Y ese recuerdo me duele. Ahora, esos ruidos parecen venir, todos amontonados, a destrozarme la cabeza. Es el viento, un viento huracanado. También creo que llueve. Se moverán las copas de los árboles, las ramas sin hojas, grandes como las secas arterias de un cadáver gigante. Quizá haya pajarracos, todos al acecho de los que ya no podéis abrir los ojos. Es una noche de febrero, pero también podía ser de noviembre, por Todos los Santos. A mí, de niña, por ese tiempo me contaban historias de muertos, de almas en pena. ¿Y quién me las contaba? Quisiera recordarlo. ¿Era una vieja? Sí, una vieja, consumida ya, encorvada, que andaba apoyándose en un bastón. Vivía en nuestro barrio, no recuerdo si sola, y los chiquillos —niños y niñas— nos acercábamos a ella cuando tomaba el sol a la puerta de su casa. Todos los de la barriada la conocíamos, y al salir de la escuela íbamos a pedirle que nos contara algún cuento. Por noviembre siempre nos hablaba de los muertos que penaban, de algunos muertos, familiares suyos, que se fueron al otro mundo con algún pesar, y ahora se le aparecían a ella.

Ésta es una noche de noviembre, Juan, y yo voy a salir a encontrarme con aquella vieja, que un día me dijo que pronto se marcharía allá donde, al cruzar una recia puerta de oro, se encontraría una fiesta sin fin, o el recinto oscuro de todas las tristezas, según por el camino que la condujeran. Yo me voy, quiero irme, para mojarme con esta lluvia, para sentir el viento frío en mi rostro, y para ver a la vieja de las historias macabras, a la que le pediré me cuente una, la más triste, si quiere, o la más espeluznante, si lo cree conveniente, aunque luego yo, como me ocurría de niña, tenga pesadillas y en esas pesadillas vea bailar a los muertos, llorar a los esqueletos, reír a las estatuas de piedra y lanzar ayes a las viejas tristes que no terminaron de morir, que siguen como en una larga e interminable agonía, viendo luces, pero también sombras.

Esta noche es como de noviembre. Los muertos

habréis salido al gran baile del juicio. Tú te has puesto el mejor traje. Estás entre las nubes. Tal vez hayas visto a las viejas de mis pesadillas, quejándose aún, orilla de la felicidad, pero atenazadas por las garras de las terrenas supersticiones. Verás la puerta que, al abrirse, puede conducirte a la gran fiesta. Yo tengo miedo. Oigo ruidos. Aquellas noches de viento y lluvia, cuando había oído historias tristes, yo me tapaba luego la cabeza con la ropa de la cama, y no quería ni siquiera sacar un brazo, porque me parecía que entonces una mano grande y fría, una seca, huesuda mano de muerto, me iba a coger, de pronto, aquel brazo. ¿Qué me pasa ahora, cuando ya, por tantas cosas, me acostumbré a todo? ¿Por qué tiemblo, como si de nuevo fuese niña y me sobrecogieran los recuerdos de tétricas historias soñadas? Los ruidos no son de una fiesta, allá entre las nubes. No cantan ángeles, pero tampoco graznan pajarracos. Hace viento, y es ese viento, que mueve las copas de los árboles, que arrastra papeles, que golpea las maderas de una ventana, que produce un agudo silbido al chocar en los cables del tendido eléctrico. Estoy aquí, en esta cama, sin poder dormir, y me parece, sin embargo, que salgo al campo, al campo seco y pardo por donde está enclavada nuestra ciudad, y oigo el silbido de otro viento chocando con los cables de la luz, y veo los rojizos gavilanes volar, planeando, alrededor de un campanario, y dejo que las frías gotas de una lluvia racheada besen mi rostro encendido.

No sueño. No tengo una pesadilla. Tampoco desvarío, enloquecida. Estoy despierta, en una cama de hospital, aquí en Düsseldorf, y veo a Ángel sentado en una butaca, y comprendo perfectamente todo lo que pasa, y hasta por qué mis ojos se abren ahora tanto que temo me estallen las pupilas, y sé que tú, Juan, estás muerto, ahí en ese depósito donde tiembla, como asustada, la débil y oscilante llama de una mariposa. Estoy aquí, esperando que me traigan unos papeles para llevarte a España, a nuestra ciudad, donde yo dejaré, bajo un metro y medio de tierra, este equipaje de amor que eres tú. Sé lo que digo y lo que hago. Pero quiero pasear por las afueras de nuestra ciudad, en un día de viento y de lluvia, para llegar hasta el cementerio, y allí hablar con mis padres, y luego sentarme a la puerta de ese cementerio adonde te llevaré a ti, y esperar que llegue la noche y con ella el saludo de los búhos y lechuzas. Quiero andar por las viejas cámaras de una casa de pueblo, y luego saltar por los tejados de un Madrid que se me hizo odioso, y meterme por la ventana de una buhardilla que durante varios años fue nuestra casa, y esperar allí hasta que llegase el cuerpo de Soledad, tan buena y tan mala, con cara de ángel y sangre de demonio. Me quiero ir también por esta ciudad gigante, y lanzarme a las aguas negras de su río navegable. Quiero irme por ahí, quiero gritar... ¡Juan!

—No, Ángel. No te muevas. He sido yo. Sigue durmiendo. ¿Tienes miedo? ¿Crees que estoy loca? Ahora... Y si me echara a reír, ¿qué harías, Ángel? Me miras asustado...

Juan, Ángel cierra los ojos de nuevo. ¿Cuándo se hará de día? Voy a levantarme. Quiero ir al parque de nuestra ciudad. Habrá niños jugando. Yo os llevaba a ti y a tus hermanos. Tú los vigilabas mientras yo hacía punto. Los malos tiempos parecían haberse alejado de nosotros para siempre. Me iría ahora a ese parque, donde quizá pudiera oír la banda municipal, y posiblemente me encontrara a mi padre, sentado en un banco, con un periódico en las manos. Quiero irme, y me voy. No; me quedo. Ángel debe de estar rendido. También cabe que me encontrara a tu padre, allá bajo los pinos, joven, con su uniforme de guardia, o tal vez a Luisa, vestida de tules blancos, en el día de su boda, que había ido con el esposo a retratarse junto a los rosales en flor. Quisiera... Pero no me moveré de aquí sino para salir contigo. Miro a Ángel, que duerme de nuevo. Si quisiera acostarse aquí... Me gustaría que tus manos, Juan, fueran como cuando de niño venían, suavemente, a rozar los pechos que te amamantaban. Quisiera sentir tus manos pequeñas y limpias, y las manos de Ángeles, y las de José Antonio, todas, las seis manos, por estos pechos míos hundidos, hechos piel hace ya mucho tiempo. Quisiera poder amamantaros, vuestros pequeños cuerpos rozándome. Yo sería entonces una madre con mil pechos de donde podrían mamar mil hijos, todos iguales, todos rubios y pequeños como esos vellones de lana encontrados entre las pinchosas ramas de las aliagas. Yo sería la madre de mil ángeles hechos hebras de oro. Vosotros succionaríais de mis mil pechos, y toda yo me iría alargando, con un cuerpo de nube, capaz de saltar por los cielos y dejar, como la diosa Hera al amamantar a Hércules, el hijo de Zeus y de Alcmena, una vía láctea entre las estrellas.

La cabeza me duele. Quisiera ser, más que todo eso, una insignificante hormiga, que pondría pequeños y casi invisibles huevos, y vosotros seríais unos hijos negros, con cabeza diminuta, que pisaríais siempre los caminos subterráneos de nuestro palacio de arena. ¿Para qué desear ser mujer gigante, con mil pechos y cuerpo como de nube maravillosa? Dile al dios de las metamorfosis que no me cambie, que me deje seguir siendo esta María que soy, toda seca, escurridas ya mis carnes y mis lágrimas, toda yo como un tronco de carne flagelada por los latigazos del hambre, del insomnio, de las muchas tristezas que vinieron a lomos de todas las calamidades. Dile a ese dios poderoso, capaz de cambiar la fisonomía de todos los seres, que yo siga siendo tu madre, y la esposa de Antonio, la mujer sin pechos y sin sexo. No quiero ser, en todo caso, más que un animal feo, un bicho más poderoso que todas las serpientes, y así sacaré mi lengua venenosa y escupiré al rostro de Luisa la hiel que ella ha dejado sobre mi corazón. Ahora la he visto correr pasillo adelante. Es verdad, Juan. No me creas desquiciada. La he visto. El niño tenía alas y luego ha dado un salto para poder verte a ti, que eras su padre. La veo a ella dar vueltas alrededor de la mesa donde yaces. Gira, cada vez más rápida, y ya no es ella sola, sino muchas Luisas, todas moviéndose en torno tuyo, mientras el niño, aleteando sobre tu frente fría, se hace diminuto, insignificante, pequeñín como una hormiga recién salida del huevo. Ella canta ahora, y yo le grito, y Ángel se estremece, y viene junto a mí sobresaltado, para pedirme qué me pasa, si me encuentro mal. Y entonces yo le digo que mire, que parece hay unos pájaros grandes pegados a la pared. Me mira con los ojos muy abiertos, y yo insisto, preguntándole si ya los ha visto, hasta que no quiere ni siquiera mirarme, echando a correr para llamar al enfermero celador, que trae una pastilla, y yo, al tomarla, veo a Luisa, con el niño en brazos, sentada no sé dónde, que llora, sin fijarse en su marido, el cual le ofrece un ramo de flores, pidiéndole mire a la niña que tiene al lado, la hija, que no acabo de ver del todo, solamente las piernas y el cuerpo, pero no la cabeza, donde el pelo parece hebras verdes de una extraña planta.

¿Quién tira de mis ropas? ¿Lo ves tú, Juan? No ha tirado nadie. Abro los ojos. Creo que he dormido un poco, pero mal. No veo a Ángel. Ahora me duermo otra vez. Cuando me levante iré al baño, para mojarme la cabeza. Necesito que se me quite este dolor. ¿Para qué sería la pastilla que me han dado? No quisiera pensar en tu padre. ¿Habrá salido ya de casa? ¿Y las vecinas, qué dirán? Ya tienen tema para días. ¿Qué habrá sido de Soledad? Me acuerdo muchas veces de ella. Rosario, la hermana tonta, se echó de nuevo al pozo, y esta vez se mató. Soledad decía: «Mire, ahora que es una joven es cuando hay que vivir.

Luego...» Y yo, pensando en cómo miraba a tu padre, llegué a decirme: «Ésta me lo roba, me lo roba...» Tu padre... Las vecinas... Me dio alegría verla entrar: Soledad en nuestra casa... Luego... Haz bien, aunque no sepas a quién. Cría cuervos, que te sacarán los ojos... La de refranes que me repetía yo, mientras fregoteaba los cacharros, después de las comidas, allá en la buhardilla... Fíate del agua mansa. Así es la vida... ¿Vuelve Ángel? Quizá haya ido a tomar algo con el enfermero. Él irá de vacaciones. «Ya ve usted, vinimos juntos y...» Ahora vuelve, sentándose en la butaca. Creerá que me he dormido. Mejor. Voy a cerrar los ojos. Ya está, ya no veo sino como pequeñas lucecillas, que van y vienen, por lo oscuro, casi pegadas a mis párpados. Cuántas cosas ocurren en la vida... Soledad... Tu padre... Cuánto se ve en este mundo... Novelas, dirá la gente. ¿Por qué dar latigazos a cuerpos tan débiles? Mis padres... La casa del pueblo... Un ruido que atronaba el cielo... ¿Cuántas bombas? El guardia de Asalto... los desfiles de las tropas vencedoras... La cárcel... Todo pasa... Es duro, vivir... El hambre... Soledad había dicho que me fuera a su casa... Su madre... Las pocas palabras del padre... Soledad... Ah, sí, todo aquello... Y esto... ¿Por qué vivirá una...?

XIII

TU PADRE ME ESPERÓ, sin acostarse, hasta la madrugada, diciéndose que me habrían vuelto a «dar un estacazo», por lo que llegó a pensar que quizá estaba pasando la noche en un cuartel de la Guardia Civil. No andaba descaminado, pues, en parte, hubo «estacazo», y no estuvo lejos lo de ir al cuartel, donde pude haber pasado la noche, o quizá más de esa sola noche.

Yo le dije luego a Soledad:

—Te lo agradezco de veras.

—¿Agradecerme?

—Sí. Te lo agradezco. He pasado una buena noche.

—Fresca.

—Muy bien.

Al día siguiente, Soledad me acompañó a una casa de agricultores y pudimos cargar género.

—¿Ve usted? Todo tiene arreglo menos la muerte —me dijo, ya en el tren.

Yo le dije:

—Apúntate la dirección de mi casa, anda. Y luego, cuando quieras o puedas, ven a vernos. Te presentaré a mi marido y a mi hijo, que ya verás cuánto se alegran de conocerte. Les diré: «Ésta es la muchacha que me llevó a su casa...» Y ellos dirán: «Sí, Soledad», porque yo, antes les habré contado muchas cosas de ti.

Verdad que os dije. ¡Qué ignorante, qué pobre mujer he sido siempre! Cuánto me acordaría luego de mi casa de la ciudad, de los libros donde estudiaba, de todo aquel tiempo cuando yo, mimada por mis padres, no aprendía sino las cosas buenas, todo lo que ellos me enseñaban, la parte hermosa de la vida. ¡Qué choques luego! Por eso no podía mirar sin estremecerme hacia la fotografía ampliada de los abuelos. Ellos habían sido siempre, también, unos pobres ingenuos, que murieron de tristeza, asustados por los bombardeos, por la violencia de aquel tiempo de guerra. No concebían la maldad, el crimen, la destrucción. Desde sus imágenes muertas de cartulina me miraban como asombrados, como si me dijeran: "¿Tú, hija? Pero ¿eres tú, nuestra María?» Sí, yo, la muchacha que acompañaba a papá, que leía, un poco a escondidas, sus libros, las obras literarias de los clásicos, las mitologías griega y romana, que me pasaba horas enteras con un volumen de poesías en las manos. Esa muchacha era ahora la mujer que suspiraba, quejándose, sin poderlo evitar, de la vida, de todas las amarguras de su vida.

Soledad me dijo:

—Algún día iré a verla, y tendré mucho gusto en conocer a su marido y a su hijo.

Pasaba el tiempo, y yo, que os hablaba constantemente de ella, me decía, preocupada, qué sería de su vida y por qué no había venido a vernos, al mismo tiempo que pensaba en su casa, imaginándome a Rosario dando saltos por el patio, y a los chiquillos, sucios, llenos de relejes, aguantando los gritos de otros chicos, que se les burlaban, y a Soledad, que saldría a la calle, amenazándolos, furiosa, cansada ya de seguir, un día y otro, aquella vida, y a la madre, seca, con el gesto hosco, sin mirar a nadie, furiosa, o más que furiosa tristemente desesperada por los gritos, las medias palabras, los saltos y los intentos de suicidarse de Rosario, y al padre, mirando a unos y a otros, a todos, incluso a la esposa, unos momentos, para luego irse a la era del amo, sin haber dicho nada más que dos palabras, quizá dirigidas a la muchacha tonta.

—No viene. Y me gustaría verla, verla y saber de todos —decía yo.

Y tu padre:

—Ya podías dejar esa música, mujer, que pareces un disco rayado.

Callaba, pero no por eso dejaba de pensar en la muchacha que tan bien se había portado conmigo cuando, sin fuerzas ya, no quería sino morirme con las uñas clavadas en la sucia y dura pintura de la farola. Por eso, el día que la vi entrar en nuestra casa di tan enorme grito que hasta tu padre, acostumbrado ya a los más dramáticos sobresaltos, se estremeció.

—¿Pero qué es eso, María?

No podía decir nada. Estaba gritando. Luego, abrazada a Soledad, me eché a llorar.

—¿Tú, Sole? —dije al fin.

Y salió padre, y luego saliste tú. Soledad parecía emocionada también. Venía del pueblo, de donde salió con género, para perderlo (le fue decomisado) en el tren. Yo había tomado por entonces otra ruta y llevaba mucho tiempo sin verla. Por eso la estaba mentando a cada momento. Me había dicho, un montón de veces, que tenía que ir por su pueblo, siquiera una vez. Pero luego, al tomar el maletín y la cesta, prefería dirigirme hacia la estación del Norte, para salir hacia la Tierra de Campos, posiblemente porque me daba miedo volver al lugar donde deseé morir.

—Pasa, pasa, Sole —invité, enjugándome las lágrimas.

En seguida habló de su hermana, a la que habían enterrado días antes.

—Se echó al pozo otra vez, ¿sabe?, y ahora...

Soledad no podía seguir viviendo en su casa, y había pensado hacer algunas salidas más, con género, desde el pueblo, y luego, se le diera mal o se le diera bien, venirse para quedarse en Madrid.

—Mi madre, que me echa la culpa.

—¿La culpa? ¿De qué?

—De la desgracia.

Lo contó. Ella había sacado un zaque de agua, y se había olvidado después de poner el predusco sobre la tapadera del pozo. Rosario estaba excitada, como siempre, o tal vez más, pues momentos antes habían pasado los chiquillos por la calle, diciéndole, a coro, que saliera, lo que dio lugar asimismo a que todos, Soledad, la madre y hasta los pequeños de la casa, estuvieran de mal humor, la una con rechinar de dientes, la otra maldiciendo, los chiquillos hundiéndose en su impotencia para luchar con todo aquel grupo.

—No puse la piedra y...

No sólo había sido la madre la que le dijo que ella tenía la culpa, sino que estas voces recorrieron el pueblo, yendo de boca en boca de todas las mujeres, por lo que Soledad nos decía que era difícil salir a la calle sin verse obligada a escupir con rabia delante de las mujerucas.

—Bueno, ahora no pienses. No has tenido ninguna culpa. Fue un olvido.

—Un olvido, sí. Pero... «¡Tú! ¡Tú, nadie más que tú, descastada!», me decía ella.

—Bueno, cálmate —le decía, consolándola.

Tu padre la había mirado como el que observa algo verdaderamente extraordinario. Soledad iba muy mal vestida, con una falda de percal, arrugada, y un jersey ceñido, rojo, que hacía resaltar sus grandes y duros pechos. La falda, entre lo arrugada y corta que le estaba, hacía que, al agacharse o sentarse, enseñara la mitad de sus recios muslos. Soledad era una muchacha fuerte, con buen estómago, que todo le sentaba bien (cualquier clase de alimentos), y por eso tenía lustre, pese a vivir tan malos tiempos. Padre la miraba aún cuando yo le dije, una vez más:

—Mírala, Antonio; ésta es la muchacha de quien

tanto he hablado. Abrázala si quieres, pues será como una hermana para nosotros.

Él parecía temblar. Soledad se acercó el pañuelo a los ojos, mientras decía:

—Estoy tan contenta de volver a ver a su mujer...

Luego te tomó a ti en brazos.

—¡Qué majo es este chico! Serás mi amigo, ¿no?

Tú dijiste:

—Sí.

Tu padre la miraba constantemente. ¿Por qué ese modo de mirarla? ¿Qué le pasaba a tu padre en aquellos momentos? ¿Se transformaría en tragedia la llegada de Soledad a nuestra casa? Yo estaba seca, no tenía más que los huesos y la piel, y los ojos tristes y hundidos. Soledad era algo con frescura, un cuerpo duro, una carne como un halo de sexualidad. A tu padre no sé qué le parecería; pero era algo así como una diosa, la diosa que despierta los deseos, una Afrodita basta, palurda, descarada, que estremecía la sangre del hombre, que empujaba a que el macho la mirase de aquella manera.

Te abrazó a ti, y al instante parecía como si los dos os conocierais desde hacía mucho tiempo. Empezaste a reír. Nuestra casa se llenó de alegría. Ella dijo luego:

—Bueno, mañana empezaré a buscar algo por ahí, un empleo, una casa donde servir.

—Ya veremos qué se hace mañana —dije yo. Y empecé a preparar la cena.

Luego, comiendo, le dije a tu padre:

—Ay, esto, Antonio, es más de lo que merecemos.

—¿Esto...?

—Sí, el que Sole viva con nosotros.

Dijo ella, sonriendo:

—Bueno, pues sí que exagera usted, María.

—¿Que exagero? Calla. Si supieras la alegría que tengo... Y él Antonio, y no digamos Juan. Y es que no olvido aquello, Soledad. No lo olvidaré nunca.

Callamos todos unos instantes. Luego proseguí yo:

—Sólo siento lo de tu casa. Pero bueno, en eso no hay que pensar. Soy más tonta...

Ella se había ensombrecido. Luego volvió a sonreír. Padre la miraba cada dos por tres, pero apenas si decía alguna palabra suelta, y no dirigida concretamente a ella. Después, no sé cómo, Soledad volvió a hablar de trabajo para ella, y entonces fue cuando a mí se me ocurrió la idea (maldita idea, me diría después, muchas veces) de negociar juntas. Es decir, que ella podía vivir en casa y salir conmigo por los pueblos, mientras tu padre nos repartía el género. Luego, haríamos tres partes, de las ganancias. Le pareció de maravilla, y hasta padre se sintió contento, pues me dijo que también lo creía estupendo, aunque no el que fuéramos nosotras, precisamente, las que saliésemos siempre, ya que, por lo menos alguna vez que otra, podría salir él. Eso no era lo más importante, sobre todo cuando, por aquellos días, yo había descubierto un economato donde se podía comprar de todo lo intervenido, artículos que sobraban de los racionamientos, o tal vez el mismo género destinado a esos racionamientos.

Seguimos hablando, con cierta alegría y bastante esperanza, aportando cada uno la idea que mejor le parecía para que el negocio nos fuese bien. Y fue tu padre quien habló de trabajar de firme, si en el economato se podía cargar todo lo que quisiéramos, algo que, en efecto, se podía hacer, por lo que teníamos que ver la forma de transportar el género sin despertar sospechas, bien no trayéndolo a casa, pues éramos bastante conocidos en la barriada, o ideando algo para subirlo como si se tratara de una mercancía libre.

La idea surgió otro día, y fue la de utilizar cajones que antes habían sido usados para llevar botes de conservas vegetales unos, y productos de droguería otros. Así, pues, todo estaba a punto, y nosotros, los tres, con mucho ánimo.

Todo esto lo habíamos preparado en pocos días, y en este corto espacio de tiempo Soledad era ya como la reina de nuestra casa, y lo que yo no me explicaba aún (pobre ingenua) era la torpeza de tu padre al tratarla, cuando tan sencilla y llanamente se comportaba ella. Él la miraba como si nunca pudiera llegar a ver en Soledad esa verdadera amiga, como un familiar, que era ya para mí. Por eso... Pero voy a sujetar mis recuerdos, que se desbordan, que me traen ya a la Soledad que lanzó sobre mí un nuevo montón de dolor.

Teníamos ya una buena clientela, en mercados y

tiendas de poca importancia. Ganábamos dinero para comer, y aún nos sobraba. Yo pensé por entonces en un colegio para ti, pero tu padre dijo que no corriera, que tiempo tendrías de aprender. Te cuidábamos, pues te costaba mucho engordar: ¡tantas calamidades sobre ti siempre! Soledad te llevaba alguna tarde al cine, y eras ya su mejor amigo, pues te acostabas con ella, o ella contigo, ya que no teníamos más camas que la de matrimonio y la turca donde tú dormías, puesta en un cuartito que nos servía al mismo tiempo para almacén de nuestro negocio. Por allí, en esa habitación, habían empezado, por cierto, a verse ratones, y recuerdo esto porque me parece casi trascendente con respecto a la estancia de Soledad en nuestra casa.

Ella, muchacha al fin, gritó una noche, al ver uno de esos bichos correr por la cama. Dijo, gritando:

—Ay, María. ¡Mire, mire...!

Fui yo, y también, no voy a negarlo, tuve un poco de miedo, por lo que me eché hacia atrás, dejando paso a tu padre, que se lanzó tras el bicho, animando a Soledad, que le ayudaba, riendo ahora, para ver si le podían dar muerte. Soledad estaba en combinación y tu padre, lo vi bien, se quedó parado un momento, pero luego, al oír cómo ella le decía que pasara, que el bicho os mordería, entró y se puso, como un héroe, a luchar con el ratón. Tú te cogías a las robustas piernas de Soledad. Ella chillaba y reía, poniéndose de vez en cuando las manos entre los muslos, y una vez que el ratón, acosado por todos lados, le saltó sobre las piernas, dijo algo que entonces ni siquiera me pareció grosero, sino una cosa natural. Dijo:

—Ay, que no llevo bragas...

Y hasta yo misma estuve a punto de echarme a reír, pero tu padre se había quedado quieto, y yo advertí que algo le pasaba, que algún mal pensamiento se le había metido en la cabeza.

Le miré, diciéndole:

—Venga, Antonio, termina ya con ese ratón.

Pero él miraba a Soledad, recorriendo con sus ojos la imagen de nuestra amiga, las carnes robustas, duras, presentidas, casi palpadas tras la fina combinación. El ratón saltaba ahora de un lado para otro y Soledad, que había tomado aquello como una juerga, llegó a lanzarse contra el cuerpo de tu padre, diciendo, entre risas:

—Ese bicho se me cuela, ese bicho...

Él, mientras tanto, perdía el color y empezaba a temblar, olvidándose del ratón, que al fin huyó por una hendidura que había entre dos ladrillos. Soledad se separó al fin de padre, y después yo le dije a él:

—Esto no puede ser, y tenemos que...

—¿Qué no puede ser? —me cortó.

Le miré.

—Lo de los ratones, hombre. Tenemos que echar veneno, pues la gata, más muerta que viva, con más años ya que Matusalén, ni se entera.

No dijo nada. Nos fuimos a la cama y antes de dormirse estuvo removiéndose, como si otro ratón, más peligroso que el que habíamos visto antes, le estuviera royendo las carnes.

Todo marchaba normalmente, sin embargo, si es que yo podía considerar normal aquel temblor de tu padre, aquel revolverse en la cama como si tuviera azogue, y aquel gesto agrio al mirarme, como si una, de pronto, fuese algo que le molestara.

La amenaza rondaba sobre nosotros. Pasaba el tiempo. El trabajo no iba mal, y con las ganancias de ese trabajo podíamos comer y vestirnos. Soledad parecía más guapaza ahora, con más lustre, y esto, si me detenía a pensar, inquietábame tanto que hasta estuve cavilando si lo mejor sería dejarnos de negocios a medias, que ella se marchara, para que nosotros, yo por lo menos, volviese a recobrar una paz que, desde la noche del ratón, había perdido.

Me roían los celos, y por eso, cuando ella se quedaba sola en casa, y luego, al saber que tu padre había venido muy pronto del trabajo, para llegar mucho antes que yo, me estremecía, atenazada por un miedo que helaba mi sangre. Soledad, con sus carnes duras, con sus risas, con sus veinte años retozones, era para mí un enemigo más poderoso que el hombre, que todas las miserias juntas, pues si me quitaba el cariño de tu padre me hundiría totalmente, ya que había sido precisamente ese cariño, ese saber que alguien me quería, el que me había empujado a salir adelante por encima de todas las dificultades.

Recuerdo la noche que, mientras cenábamos, tu padre empezó a mirarla constantemente. Ya habían estado solos más de una hora. Ella se reía. Luego dijo, bromeando, mirándome a mí, luego a tu padre:

—El señor Antonio está hoy que parece un muchacho, tan serio siempre y...

Me puse en guardia. Tu padre agachó la cabeza pero al instante la alzó para mirar a Soledad. ¿Qué había pasado? No podía saberlo. Después de cenar me puse con el friegue, en silencio. Soledad quiso ayudarme y yo la rechacé secamente.

—Pero ¿qué le pasa a usted esta noche, María? —preguntó.

—Nada —le dije, sin mirarla.

Luego volví la cabeza. Tu padre, que ya no necesitaba vender la ración del tabaco, liaba parsimoniosamente un cigarrillo. Se había tomado una cucharada del elixir estomacal y parecía satisfecho. Le vi mirar el periódico. Luego, porque era imposible permanecer de espaldas a él, me volví bruscamente, advirtiendo cómo no miraba las letras, sino hacia las piernas de Soledad, que se había puesto a lavar en una palangana su ropa interior. Entonces, bueno, una vez terminado el friegue, te tomé a ti de la mano y dije, con voz áspera, fría:

—¡Hala, vámonos a la cama!

Sentí deseos de acostarte en nuestra cama, para que durmieras conmigo, prohibiendo después la entrada a tu padre. Tenía rabia, dolor. Ellos quizá creyeran que yo iba a volver, pero después de acostarte a ti, me acosté yo también. Soledad hablaba con tu padre, y yo desde la cama, la podía oír, aunque no bien.

—Vaya, usted... —decía—. Ya tendría usted novias, antes de conocer a María, ¿eh?

Y él:

—No, ninguna.

—¿Ninguna...?

—Bueno, mujer... Siempre... Pero novia formal, ninguna.

Soledad reía. La risa venía a rozarme, como algo pesado, frío, hiriente. Me revolvía en la cama, diciéndome que tu padre ni siquiera se había fijado en mí, que no había visto mi enfado, o lo que era peor aún: que no le importaba ese enfado. Y yo pensé, Juan, que él, aunque nunca había sido demasiado cariñoso, iba a venir a decirme algo, a preguntarme qué me pasaba. Lo pensé, y aún lo seguía pensando, aunque oía su risa, mezclándose con la risa de ella. He sido siempre un idiota, una ilusa, y estaba diciéndome que no le había importado mi salida brusca de la cocina y al mismo tiempo pensando que iba a oír la silla, porque él se levantaría para venir un instante a preguntarme si me encontraba mal. Pero él reía. Fíjate, reír, así, de pronto, y a carcajadas. Luego quedaba en silencio. ¿Pensaba entonces en ti y en mí? ¿Y por qué no venía a vernos? Lo estaba trastornando, eso era. Soledad le había metido algún veneno en su sangre cansanda. Y me dije que ése era el pago que yo iba a recibir, después de tanta lucha, de tanto quitarme un pedazo de pan de la boca para llevárselo a él a la cárcel, y ése iba a ser, también, el premio que me dieran los dos, después de pensar por ellos para llevar adelante este negocio, este sinvivir. esta vida de zozobra, pero gracias a la cual comíamos sin depender de nadie, sin que tu padre estuviese sujeto a patrono alguno.

Empecé a llorar. Primero lo hice en silencio, luego para que me oyeran. Pero habían puesto la radio, comprada por aquellos días. Hablaban de programas y emisoras. Oí que ella dijo:

—¿Quiere que busquemos la pirenaica?

—¿La...? No. Pon música —dijo él.

—Entonces, Andorra.

—Bueno, Andorra.

Se oía una música de baile, suave, como invitando a abrazarse. Yo no lloraba ya. Las lágrimas se me habían quedado quietas en la garganta, y me ahogaba.

—¿Usted sabrá bailar, no?

—Mujer, bailar... El pasodoble y el tango. Eso sí.

—Yo me vuelvo loca por el baile. Allí en el pueblo... No se puede figurar lo que yo tendré «bailao» allí. Ahora, por lo de mi hermana, no hubiera podido ir al baile en mucho tiempo. Ya sabe, los lutos en esos sitios... Pero aquí... Además, yo no estoy de luto. Los lutos se sienten o no se sienten, y yo estoy como nada. Así que... Mire, ahora tocan un tango. ¿Quiere que lo bailemos?

Mi corazón saltaba. ¿Se abrazarían? ¿La estaría mirando tu padre? ¿Por qué ella decía esas palabras?

—Venga —acució.

Y yo me la imaginé tirándole a él de un brazo, para hacerle levantar.

—No, no... —oí que dijo él.

Mi corazón se llenó de alegría un instante.

—Si es como si usted y yo fuésemos...

Me levanté de la cama. Desde el pasillo los veía. Tu padre tenía la cabeza gacha. Quizá pensara en mí. Ella decía ahora:

—Yo, aquí... Una se espabila en estos sitios, con esta vida. Más de dos veces... Cuando íbamos en los trenes, quiero decir. Por algunas cosas me gusta esto, el estraperlar: si a una le da la gana, atontila a un guardia y...

Sentí rabia. Ella podía hacer eso, por sus veinte años, por las carnes duras y retozonas de sus veinte años. ¡Mira si la...! Pero... ¿Es que deseaba hacerlo yo? ¡Dios mío, me estaba volviendo loca todo aquello! Los veía, sin valor para irrumpir en la cocina.

—Calla, Sole —dijo él.

Lo vi levantarse. El tango terminaba.

—Iré a divertirme por ahí —dijo ella entonces.

Y lo vi volverse cara a ella, demudado, con rostro de cadáver.

—No.

Soledad sonrió. Yo temblaba.

—Bueno —dijo ella—, entonces bailaré aquí...

Y empezó a moverse. Los ojos de tu padre se estrellaban contra aquel cuerpo de suaves y al mismo tiempo duras curvas. Y al instante fueron los brazos los que iniciaron el camino que seguían las miradas, las manos convertidas en garras temblorosas de envenenados deseos. Por eso grité:

—¡No, Antonio!

Se quedó rígido, como helado, como si un hachazo hubiese caído bruscamente sobre alquel temblor caliente de sus carnes.

—No... —repetí.

Lo abracé, sin mirarla a ella. No sabía si la odiaba ya. Había impedido el abrazo, temblaba cogida al cuerpo de tu padre. Luego, sin embargo, me retiré, casi arrepentida de haber entrado en la cocina. Pensaba en mis muslos sin carne, en mis pechos escurridos. Murmuré:

—Perdona... Perdona, Antonio. —Y empecé a retirarme.

Creí que vendría detrás de mí, pero se quedó quieto, mirándome unos momentos.

—Que... que os divirtáis... —dije aún.

Silencio. Ninguno hablaba. No quise mirarlos ya. Soledad vino en seguida detrás de mí, como si algo, de pronto, hubiera sacudido su conciencia, aunque sus palabras no denotaron precisamente eso.

—¿Qué piensa? ¿Cree que soy una perdida? —dijo, ofuscada.

—Tienes veinte años —murmuré.

La empujada suavemente hacia él. No se movía del pasillo. Tu padre dijo entonces:

—Ven. Si te empuja, ven...

Estaba loco. Creo que había enloquecido.

—Me voy —dijo ella—. Soy una golfa.

—Ven y calla.

—¡Calle usted! —gritó.

Tú te despertaste, Juan, llamándome. No te hice caso. Llorabas. Tu padre había cogido a Soledad por los brazos.

—¿Por qué has venido? —le preguntó—. ¿Qué has hecho conmigo? ¿Qué has hecho, di?

Ella temblaba.

—Quite, ¡apártese! —decía.

Él no parecía ver sino la carne que estuvo a punto de gozar. Ella tuvo que empujarle. Luego corrió hacia tu cuarto y se encerró allí, contigo. Tú aún estabas llamándome, pero en seguida enmudeciste. Tu padre se había quedado mirando las losas de la cocina. Él, tan pacífico siempre, tan como indiferente por todas esas cosas de mujeres, se había trastornado. Lo vi apretar los puños y correr hasta la puerta de tu cuarto, y allí levantar un brazo amenazante, que no tocó la madera, pues lo dejó caer, lentamente, en su posición normal, las manos ya abiertas, como si toda la rabia se le hubiera transformado en un hondo desaliento, aplastado todo él por el fracaso y la vergüenza. Miró luego hacia nuestra alcoba, hasta que al fin echó a andar, despacio, los brazos caídos, la barbilla pegada al pecho. No me dijo nada. Se quitó las ropas y se echó en su lado. Yo tenía los ojos abiertos, llenos de lágrimas. No quería decirle nada. Fue él quien habló:

—No debiste traerla: tú tienes la culpa.

—Sí —dije.

Y quise dormir, aunque comprendí que eso sería imposible. Él estaba con el oído atento. Soledad se estaría desnudando. Hablaba contigo, serena. Padre te envidiaría, estoy segura. Luego oímos el ruido del somier, al echarse Soledad, y tu padre se revolvió, inquieto. Más tarde, ese mismo ruido volvió a oírse. Posiblemente Soledad tampoco dormía, removiéndose en la cama. Él levantaba la cabeza, la bajaba, hasta que, tan herida ya, le dije que escuchara atento, que pegara el oído al tabique.

En aquellos momentos se oyeron pasos en vuestra habitación. Soledad se había levantado. Rozó el tabique y él se estremeció. Luego se oyó un leve ruido. Soledad abría la puerta y salía del cuarto. ¿Iría a la cocina? Me la imaginé en viso, como la noche del ratón. Me parecía ver sus recias piernas, sus duros muslos, y el comienzo de los senos, el canal que se formaba entre los dos pechos, donde, más de una vez, se habían estrellado, como borrachos por aquella blancura, los desconocidos ojos de tu padre. Él estaba ahora con el oído atento. Los pasos de Soledad no iban encaminados a la cocina. Oímos el pestillo de la puerta de la escalera, y entonces preguntó él:

—Pero ¿es que se va?

Se iba. Y él saltó de la cama para gritar:

—¡Soledad!

Ella corría ya escalera abajo. Tu padre se quedó en el pasillo.

—¡Soledad! —repitió.

Yo sollozaba. Le vi regresar a la habitación, como un borracho fatigado y triste.

—Se ha ido —murmuró—, ahora estarás contenta.

—Se ha ido...

—Eso querías tú.

—Quisiera morirme. Eso quiero yo, Antonio.

—¿Por qué, por qué? —gritó, cogiéndome con sus manos, que me parecieron de hierro—. ¿Por qué? —repitió.

No era un hombre en aquellos momentos.

—¿Por qué? —repetía—. ¿Por qué?

Esa pregunta, como algo machacón, como si le rebotara de los dientes, de la boca caliente y decepcionada; esa pregunta, repitiéndola meintras me iba desgarrando el camisón.

—¿Quieres morirte? ¿Y por qué? —dijo aún.

Jadeaba. Lo sentí sobre mí, clavándose en mí. Algo me dolía. Sus manos, nerviosas, me estrujaban.

—¿...Por qué? —decía.

No quería moverme. Es más, le huía, apartando la cara. Hubiera querido deshacer mi cuerpo, arrancarme la poca carne que me quedaba. Sentía vergüenza, miedo, repugnancia. Y pensé que él también se avergonzaría después. Pero ahora quería estrujar a Soledad, y me estaba haciendo daño a mí, a su pobre e insignificante mujer. Le dije que estaba loco, que Soledad lo había desquiciado. Y de pronto aparté de mí los ascos, las repugnancias, y hasta los más pequeños rencores. Él había empezado a decir:

—¿Por qué, si tu...? ¿Es que tú no...?

Se cortaron sus palabras. Oí como un quejido, como si él hubiera roto algo de sí mismo en un querer transformarme en la mujer que debiera ser para no desear a otras.

Aquella pobre locura me iba estremeciendo.

—Antonio... —le dije.

Él dijo:

—María...

Y luego:

—María, no... Tú... ¿Por qué no has de ser tú?

—Piensa... Piensa en ella, si quieres...

—Calla... —rogó—. Calla, María...

Mi nombre. Otra vez mi nombre, con su palabra ahogada rompiéndose, débil, a mi oído.

—Antonio...

Me dejé conducir suavemente, hasta que, llegados los dos al final de este brusco, accidentado y al mismo tiempo sentido y gozoso paseo, suspiramos hondo, para después, sin mirarnos ya, cerrar los ojos y buscar el sueño...

Y aquella noche —¡lo que son las cosas...!— engendramos a tu hermana Ángeles.

XIV

PERO ¿ES POSIBLE que aquel hombre fuese tu padre? ¿Qué demonio se le había metido dentro del alma? ¿Por qué no me miraba? ¿Por qué aquel gesto siempre? Yo recordaba aquel tiempo cuando, libre ya, se sintió ilusionado porque tú tuvieras una hermana. Ahora, yo estaba embarazada, pero a él parecía importarle poco. Mucho habíamos pasado, mas para mí era aquél el tiempo más duro y amargo. La tristeza me ahogaba. Como él no me miraba, también yo dejé de mirarle. Nuestra vida, así, discurría de forma dolorosa. Él parecía como si a cada instante me estuviera traicionando, como si hubiera llegado a acostarse y se estuviera acostando con Soledad. Después de aquella noche, ya no me tocó ni siquiera la ropa. Algo vivía nuevamente en mí, luego de tantos años. ¿Sería para bien o para mal?

Tú te ibas con él a recorrer las tiendas y los mercados. Yo me quedaba en casa. Apenas si podía sostenerme en pie, pues llevaba mal el embarazo y estaba muy débil. De buena gana hubiera ido a que me viese el médico, pero ¿para qué hablar de eso? Más de una vez estuve tentada de ir al hospital y pedir que me admitieran. Esperaba, sin embargo, quieta en casa. También pensé ir al barrio de Argüelles, pero tampoco me pareció bien volver a llorar delante de doña Paloma. Me encerraba en la cocina. Enfrente de mí estaba el pequeño aparato de radio que meses antes nos habíamos comprado. No lo encendía. Me parecía imposible que hubiese gente capaz de oír música. Y lo que era todavía peor: que una de esas personas fuera tu padre, el cual, muchas noches, pese a su gesto hosco, al llegar a casa ponía el aparato para oír unas noticias o música. Apenas si hablábamos, y eso nos producía dolor a los dos. Una noche me dijo:

—Tendrás que salir tú también, yo me voy cansando...

Siempre parecía cansado. Al cansancio por tantas cosas de antes, se unía éste de ahora, que era un cansancio como de seguir viviendo.

Mi vientre apenas si abultaba, aunque los meses pasaban y el estado de gestación me iba aproximando hacia una segunda maternidad.

Otra noche fui yo la que habló. Dije a tu padre:

—A lo mejor es niña, la hija que deseabas.

No me miró. Olía a vino. Entonces, tu padre bebía. Precisamente, a los pocos días de decirle yo estas palabras, trajo a casa —un domingo —a un viejo conocido, compañero de cárcel. Yo había visto muy pocas veces a aquel hombre, mejor dicho, me había fijado pocas veces en aquel hombre. Se llamaba Ramón y era un tipejo bajo, casi contrahecho, que me miraba siempre con unos ojillos burlones. Tu padre subió una botella de vino y un cucurucho de cacahuetes. Estuvieron bebiendo, vaso tras vaso. Ni siquiera me obsequiaron una vez. Hablaron de la guerra mundial, ganada por los aliados. Ramón había salido de la cárcel unos meses antes. No sé dónde ni cómo encontraría a tu padre. Yo, al verlo en casa, recordé, sin poderlo evitar, cuando iba a visitar a tu padre. Veía entonces la cara de aquel hombre, y dejaba de mirarlo al instante. Luego, ya no quería fijarme en él, olvidarme, si podía, de que estaba allí, de que era compañero de mi marido. Este hombre, ahora, de nuevo en la calle, parecía no vivir más cuando hablaba con viejos compañeros. Estaba un tanto decepcionado, por el final de la guerra, pues él había creído —le oí decir— que si ganaban los aliados el régimen español se iría abajo. No era así, y por eso maldecía a los americanos, que a lo mejor eran capaces de aliarse con España, por vaya usted a saber qué egoismos, qué intereses. Tu padre le decía entonces:

—Bueno, es igual. Ni los americanos ni los ingleses piensan como nosotros pensábamos.

—Y pensamos —remató Ramón, sonriendo.

Yo escuchaba sin querer escuchar. Tu padre volvía a mezclarse en asuntos de política, Juan. Nunca creí que fuese un hombre de ideas. Si se había visto metido en aquel torbellino de anarquistas y milicianos comunistas era porque, desde su puesto de guardia, no tuvo más remedio que ayudar a los que, a su manera, defendían al gobierno que a él le pagaba. Después, nunca quiso hablar de eso, ni siquiera leer en el periódico las noticias que hablaban de los avances del ejército aliado. Ahora, hablando con Ramón, me parecía otro hombre. Y era, desde luego, y por varias razones, otro hombre.

Aquella noche se marchó por ahí, con Ramón. Les había oído hablar de Soledad. Estuvieron comentando algo en voz baja, pero pude captar algunas palabras. Por eso supe que Soledad, poco tiempo después de marcharse de nuestra casa, se había encontrado con tu padre, en la calle. La calle se daba a la sospecha, a pensar que Soledad tal vez se hubiera lanzado a la prostitución, y él, un poco bebido, le habló sin rodeos. Luego... Perdí el hilo de la conversación, y no pude saber bien qué le contaba después a Ramón. Pero yo recordaba que tu padre llegó a casa, ya de madrugada, con olor a vino y a esos perfumes que yo nunca me he puesto. Había estado con una mujer, y después, deduje por lo que le estuvo contando a Ramón, que esa mujer era Soledad.

Aquella otra noche también la buscaría. A Ramón se le habían encendido los ojos. «Sí, vamos...», había dicho, al levantarse. Así, después, cuando tu padre, muy tarde ya, regresara a casa, se echaría en la cama sin decirme nada, y para no mirarme y, menos, tocarme. Se dejaría caer como algo que se derrumba, y luego se dormiría, cerca y lejos de mí, la mujer que, pese a todo eso, aún, mientras él dormía, le pasaba una mano temblorosa por los cabellos.

Pensé que debía salir nuevamente a la calle, a comprar y vender, a seguir luchando, como siempre hiciera. A él no le importaba nada ya. No podíamos tener una conversación. De algo más importante que el trabajo había intentado hablarle, y tampoco me escuchó. Le había dicho, una noche, que a lo mejor era niña, la hija que él deseaba, y no dijo nada. Eso era lo que más me dolía. Un poco de ilusión en él me hubiera dado fuerzas para soportarlo todo. Pero parecía indiferente, con una callada desesperación royéndole el alma.

Una noche, sin embargo, al hablar yo nuevamente de la hija que tendríamos, él empezó bruscamente a tocarme, apretándome, en el vientre. Me quejé y entonces se revolvió en la cama, empezó a levantar la cabeza como si no pudiera respirar para, finalmente, tapársela con las sábanas y emitir, así, un ahogado sollozo.

—¡Antonio! ¡Antonio! —le dije.

No habló. Al día siguiente se fue por ahí y a la noche vino borracho. Roncaba ya en la cama, y mis manos, Juan, tan repletas de dolor, tan estremecidas por los apretones de la tristeza, volvieron a acariciarlo. Él soñó en voz alta, hablando de Soledad. Soledad volvería a casa. La invitaba él con empeño. Soledad estaba en un prostíbulo de la calle de San Marcos. Tu padre la veía. Ahora, durmiendo, la nombraba. Yo lo oía todo, sin inmutarme ya. Hablaba de nuestra vieja amiga, de las tabernas, de Ramón, que le animaba para unirse a los que, desde Madrid, estaban en contacto con los comunistas exiliados. Forzosamente tenía que escuchar estas palabras, que me estremecían. Es verdad que él siempre había soñado en voz alta, pero pocas fueron las veces que yo presté atención a sus deshilvanadas e intrascendentes palabras. Ahora era diferente. Los sueños no se parecían en nada o los de antes, pues lo que en otra ocasión fueron sencillas palabras, y hasta risas, se convertía ahora en gritos. Muchas noches se despertaba gritando, y entonces yo lo calmaba, diciéndome que no podía odiarle, ni siquiera dejar de quererle. Poco a poco, conforme se iba hundiendo más y más en aquella vida, que no era sino pura desesperación, yo sentía por él una enorme ternura. No se lo demostraba cuando, sereno, se sentaba a la mesa, delante de mí. Entonces ni siquera le miraba. Él hablaba contigo, o decías cosas, dirigidas a mí, pero de forma indirecta, como si yo fuese una extraña. Después, sin embargo, cuando estaba dormido, o cuando llegaba ebrio, lo acariciaba una y otra vez, lo desnudaba, y luego, abrazada a su cuerpo seco, lloraba hasta sentir dolor más allá de todas mis lágrimas. No sería para mí nunca un golfo, un mal hombre. Yo veía en él un hombre marcado por la desgracia. Bebía, se iba con Soledad, pero yo lo perdonaba. Mis lágrimas eran como un riego capaz siempre de purificar lo que hubiera de sucio en aquel cuerpo desgraciado. Si se iba con Soledad, se debía a que yo, desde hacía mucho tiempo, no era ya una mujer capaz de dar lo que los hombres exigen tantas veces. Aquellas carnes duras, aquellos retozones veinte años de

Soledad lo habían trastornado. El cogerme a mí tan fieramente aquella noche no fue sino un deseo de estrujar el duro cuerpo de Soledad. Por eso he llegado a pensar que mi hija es hija de Soledad. Tu padre la engendró en mi cuerpo y yo la alumbré, pero él se me acercó enfurecido por las robustas y frescas carnes de Soledad. A ella, por tanto, le debo el ser madre de Ángeles, tu hermana. Debiéramos todos darle muchas veces las gracias...

Por los sueños de tu padre supe muchas cosas. Después, él me lo contaría todo. Pero cuánta angustia en mi pecho, hasta entonces, hasta que se apretó a mí y besó suavemente mi rostro sin lustre. Cuánta hiel acumulada en mi corazón, Juan, antes. Él ya se había lanzado, con Ramón, a hablar por ahí. Por eso, como temí, volvieron a llamarlo de la policía. De esos días no quisiera hablar. Fueron por él. Ramón ya estaba encerrado de nuevo. Ramón se había unido a unos terroristas que, al ser descubiertos, tenían un pequeño arsenal, entre pistolas y artefactos de relojería. Fue un buen trabajo de la policía, que estuvo de enhorabuena. Tu padre cayó en la redada que siguió a la detención del grupo de terroristas. Todos aquellos hombres estaban en contacto con el maquis y los exiliados con sede en Toulouse. A tu padre lo habían visto con Ramón. Yo no sé hasta dónde llegaría junto al amigo. Pero era suficiente el que lo hubiesen visto por los bares de los barrios bajos. Eran hombres fichados, con antecedentes penales, y por política, y no los perdían de vista. Por eso, antes, tu padre siembre había obrado de forma sensata. Lo de aquel tiempo fue su mayor locura, su más grande idiotez. Peor, todo esto de Ramón, que el irse, con los dos duros que nos hacían falta, a acostarse con Soledad.

Yo pensé, después, recurrir a los señores de Jiménez Luna, pero esperé. Me daba vergüenza presentarme a ellos, tan desmejorada, mi vientre apenas deformado, pero con evidentes señales de mi estado en el rostro, todo sucio de manchas amarillentas. Tenía los ojos hundidos y en los cabellos muchas canas. ¿Dónde estaba la muchacha que conoció, allá en su ciudad, a un guardia de Asalto, joven tímido y modoso? ¿Por qué me miraban de aquella forma mis padres, desde sus imágenes de amarillenta cartulina? Tenía que llorar, sentada en la cocina, sin saber nunca nada de la alegría, de la ilusión. Lucía el sol en un hermoso cielo azul, pero yo vivía como en un país de sombras. Cantaban los pájaros en los árboles, y posados en los hilos del teléfono, y en los aleros del tejado, pero yo no los oía; pasaban coches por las calles, y peatones con rostro alegre, y niños que reían, pero a mí todo me parecía como ecos de un llanto sin fin.

Esperé. A tu padre a lo mejor lo soltaban en seguida. La espera, sin embargo, es siempre desesperante. Un día, otro. Tú te cojías a mis faldas. Me hablabas. No te hacía caso. Ibas a cumplir siete años. Tiempo ya de tomar la primera comunión. No sabías nada, nada, tú, el hijo de una mujer que, de no haber sido por la guerra, hubiera terminado su carrera de maestra. Eras un pobre y enclenque muchacho. Ya, al mirarte, volvía con el recuerdo a nuestra ciudad, a los domingos de otoño en el Parque, a las misas de primavera en la parroquia de la Asunción, a las comuniones de los niños, de cientos de niños, conocidos y desconocidos, en ese tiempo de vergeles en flor. Me iba lejos, pensando, y hubiera querido irme más lejos aún, por entre las nubes, sin cuerpo, para no sentir el dolor de la realidad. Te decía al fin:

—Calla, calla, Juan. Ahora te atenderé.

Y esperaba para salir después, contigo, a comprar algo en el almacén del economato. Pasaban los días, las semanas. Iba a cumplirse un mes desde que se llevaron a tu padre. Mi vientre se había hinchado de pronto, y entonces tuve miedo. Mi segundo hijo nacería estando yo sola. ¡Qué horror! Me apreté las sienes que me saltaban, con los puños. Fui a ver a tu padre, incomunicado los primeros días. No me miró apenas. Era un hombre sin vida, allí tras la reja. Cuando le miré agachó la cabeza, como si mis ojos lo acusaran. No me pidió nada. Le dieron los alimentos que yo le había llevado, y los dejó junto a sus pies, sin mirarlos. Luego me dijo adiós, que tuviera cuidado de ti, y nada, absolutamente nada de aquel vientre hinchado, de aquel otro hijo suyo, que vendría al mundo muy pronto. Le vi, sin embargo, cómo me miró largo rato, con ojos casi desorbitados, después, a la cintura, y le vi también, luego, cuando ya me alejaba, cómo se cogía a los barrotes del locutorio, apretando fuertemente sus delgadas manos, mientras en su rostro se iba dibujando la imagen de una negra desesperación.

XV

¿QUÉ PODRÍA HACER YO, Juan, en aquella situación? En otras circunstancias, es decir, de no haber estado embarazada, hubiera podido trabajar, volver, por ejemplo, a casa de los señores de Jiménez Luna, o al principal izquierda. No me importaba humillarme, pidiendo un trabajo incluso de rodillas.

Esperé un poco más. Él no salía. Y era muy difícil seguir esperando. Por eso me encaminé al barrio de Argüelles, una mañana bien temprano. Pero luego no llamé a la puerta de aquellos señores que tantas cosas habían hecho ya por nosotros. No quise llamar. No quería que me vieran. Sentía, sin saber bien por qué, vergüenza de nuestra pobreza. No hubiera podido decir que tu padre estaba de nuevo en la cárcel.

Fui al almacén y compré arroz. Me lo pusieron —los saquitos— en cajas de madera y tiré del carro de mano. Tú me ayudabas. Era preciso ganar unas pesetas. Iban a ser pocas, pues por entonces ese mercado empezaba a desaparecer. Los márgenes eran escasos ya. Por otra parte, pocos serían los viajes que podríamos hacer, pues me era muy difícil subir ya aquellas cajas a nuestra vivienda.

Ahora pienso que en mala hora decidí comprar y vender nuevamente géneros todavía intervenidos. Es verdad que nadie de la escalera nos había molestado, supieran o no la verdad de nuestros trajines. Pero aquel día presentí que nos iba a pasar algo. Nadie nos había preguntado por tu padre y, sin embargo, esa tarde me tuvo que preguntar nuestra vecina.

Iría a un acto religioso. Bajaba entonces y me saludó, y luego me dijo que no veía a tu padre, que si estaba enfermo. La miré fijamente. No sé qué me empujaba a mirar así. Mi sangre debía de saltar por las venas. Doña Carmen sonreía, pero con cara como de lástima. Se me escaparon las palabras. No fui yo, sino mi rabia, quien dijo aquellas palabras.

—¡Es usted una hipócrita!

Tú esperabas en la calle, al lado del carrito, guardándolo, mientras yo subía una de las cajas de madera. La señora Narcisa me había visto entrar, y ahora ya estaba fuera de su cuchitril.

—Sí, una hipócrita... —repetí, empujada por mis temblores de rabia.

—Pero ¿qué dice? ¿Me insulta?

—Sabe de sobra donde está mi marido, ¡lo sabe!...

Había querido seguir subiendo, con la caja apoyada en la cadera. Ella se me puso delante. Dijo, mirándome:

—Éste es el pago que recibe una. Ésta es la forma que usted tiene de pagarme el bien que le hice. ¿No sabe que hemos podido hacerles daño, siempre que nos hubiera dado la gana?

Salió el hombre. El señor Anselmo estaba preparándose para marchar a la fábrica, y también asomó su cana cabeza. Me miraban todos. Al ver al hombre frente a mí me crecieron los temblores, y comprendí que me saltarían más palabras, que nadie pondría freno a mi lengua. La que luego se llamaría Ángeles parecía empujarme hacia unas fuerzas que se me amontonaban en la boca y en las uñas de las manos. Estaba harta, deshecha, mil veces rota, y no me importaba nada, no me importaba estallar, soltar mi sangre revuelta, mi hiel acumulada.

—¿Qué le dice a mi esposa?

Aún no tenía miedo. Tú, en la calle; padre, en la cárcel, y Ángeles, en mi vientre, me empujaban a mirar con ojos de fuego. Ya no podía pronunciar palabras, pero en el temblor de mi boca se dibujaba la hache de hipócritas, la efe y la ce de falsos cristianos. No me importaba la presencia del hombre, como no me hubiera importado la presencia de mil hombres, todos con pistola, o todos con manos largas y finas, sucias de firmar denuncias. Iba a subir un peldaño cuando él me preguntó:

—¿Puede decirme qué lleva ahí?

Entonces sí, entonces perdí las fuerzas, me llegó el miedo y comprendí que esta pérdida del dominio de mí misma nos había hundido.

—¿A... aquí?

Vi la mano, un poco temblorosa; vi los dedos, que

fueron empujando la caja, hasta que se venció a un lado, hacia atrás, para caer al suelo, escalones abajo, desclavándose dos tablas y dejando ver los saquitos llenos de arroz.

—Anselmo...

—Diga, don José.

—Recoge eso, voy a telefonear.

Yo quería decir que no, pero las palabras hacía rato habían huido, más allá de las muecas acusadoras de mi boca temblorosa. El hombre subía, la mujer me miraba con lástima, mientras otra mujer, que salió del segundo derecha, se acercaba a mí, tomándome del brazo. Subí hasta el segundo, y luego un chico de aquella casa fue por ti, y los dos tomamos leche caliente, aunque yo no sabía bien si lo que me daban era un vaso de leche o cualquier otra cosa. También, luego, ya en casa, toqué el paquete que aquella mujer, apenas conocida y sin palabras, nos había dado.

Se me pasaba el ahogo, el temblor de las manos y la boca. Nos rodeaba el silencio. Nuestros trajines habían muerto. Era igual. Si venían por nosotros, ¿qué? No me importaba. Quizá pudiéramos irnos antes, a cualquier sitio. Allí sería difícil seguir viviendo ya, aunque no nos molestaran.

Al día siguiente estuvimos encerrados en casa, esperando alguna llamada que me haría temblar de nuevo. No llegaba nadie. Yo pude haberme tranquilizado, pero pensaba en el suceso del día anterior, y algo malo crecía dentro de mí. Pensaba también en tu padre, y ese algo malo se agigantaba. Verdad que oía el piar de los pájaros en el tejado, y que, no sé si por eso, te tomé y salimos a la terraza, y luego, allí, vimos el cielo, muy limpio, muy azul. Pero los pensamientos no se iban. Quizá por eso miré hacia la calle, y sentí deseos de besar, desde la altura, aquel suelo gris. Tú también darías un fuerte beso, un beso de muerte, a aquel suelo, y te tomé por los sobacos. Hay momentos que una persona siente hasta felicidad pensando en su beso con la muerte. Yo sentí hasta un cosquilleo que traía sonrisas a mis labios. Miraba hacia la calle de suelo gris, casi negro, y te dije:

—Tú verás, verás qué bien, luego...

Pero oí de nuevo los pájaros, y me rozó, con su beso suave, el blando vientecillo del anochecer, al mismo tiempo que voces lejanas, perdidas entre nubes invisibles, parecían decirme que esperase. Yo no quería esperar, y por eso estaba allí, pegada a la verja, con aquella rara felicidad metida en el pecho. Poco a poco iba imaginándome ríos de sangre en la calle, y entonces era todavía más feliz, porque alcanzaba a ver el gesto de miedo, de horror, en las caras de los que se acercarían a nosotros, empujados por su curiosidad. Así, tranquilamente, con un casi sosiego de alma, me fui viendo muerta, sin ningún dolor ya, mezclada en una completa paz. Quería estar segura, verme libre de desesperaciones, de nervios, de locos arrebatos, y esperaba. Incluso me pasé las manos por el vientre, recordando que «allí había alguien», y que no debía hacer caso a sus gritos, a sus voces pidiendo vida.

Pero es difícil esperar tranquila. Oí llamar y me

dije que al fin, aunque tarde, venían, no sé si con papeles para ir a pagar multa o quizá para que me fuese con ellos. Aquél fue el mejor momento. Ellos empujarían la puerta, entrarían en la casa, y nosotros ya estaríamos en la calle, hermosamente abrazados a la muerte.

—Llaman. Están llamando, mamá.

—¿Eh? Ah, sí...

—¿Voy a abrir?

—No. Espera. Es decir, ven aquí.

—¿Para qué? ¿Qué quieres?

—¿Tienes miedo? Sí, tienes miedo. Tú no sientes este regusto que me invade a mí. Iré a abrir. A lo mejor nos traen algo, algo bueno. ¿Crees que no puede ser?

Era ella. Ella, nuestra vieja amiga, con su aire de prostituta, con zapatos de tacón alto y bolso bueno. No sé para qué venía, y precisamente cuando yo había ya madurado un pensamiento. En otra ocasión también se acercó a mí, cuando mis uñas se clavaban con desesperación en la corteza verde y dura de una farola. Creo que le sonreí. Pensándolo un poco, podría decirse que Soledad no era un golfa robamaridos, sino algo así como mi ángel de la guarda. De modo que le seguí sonriendo. Se sentó, sin que yo le ofreciera silla, y echó una pierna encima de la otra, con buen estilo, y dejó al aire los muslos hasta más allá de las ligas. Luego sacó un cigarrillo del paquete que llevaba en su bolso y fumó. Nada, que estaba hecha una puta de oficio, y yo, mirándola, me dije que aquello le iba, y hasta pensé que era una pena el que tu padre no estuviese allí, pues ella, con su cara un poco más pálida, y también más delgada, seguía, sin embargo, siendo apetecible. No sé a qué venía. No le pregunté. Era como si ella ya me lo hubiera dicho, y por eso murmuré:

—No puedes verlo aquí.

Me miró. No sabía dónde tirar la punta del cigarrillo. Acabó echándola al suelo, para pisarla con la punta del zapato.

Dijo luego:

—¿Está bien?

Era verdad. Había venido a verlo. Claro, echaba de menos las visitas y por eso, allá que voy, a su propia casa, y si a su mujer no le gusta, que reviente.

—Está a la sombra. Por eso no va.

—Ya.

—Al salir, seguro que antes de venir aquí, se larga y te ve.

Se puso de pie.

—Bueno... —dijo.

Te vio a ti, que te habías rezagado en la terraza.

—¿Me das un beso, Juan?

Te besó. Yo le dije:

—Lo siento, ya ves.

—¡Calle! —gritó.

—No me importa nada ya... —murmuré.

—Aún seremos amigas —dijo ella.

—Claro... —murmuré.

—Usted está amargada.

—Ja, amargada...

—Yo, podrida. Pero me gusta. Lo peor es que él venga a verme.

—¿Te vas ya?

—Me voy.

Le dije luego que esperase, que la quería oír hablar más. Pero ya se iba. Desde la escalera te decía adiós, y a mí que me cuidara. Tenía gracia. Que me cuidara. Cualquiera entiende estas cosas. Mejor que me hubiese dicho que estaba deseando verme muerta. Claro, que si bien se mira, ¿qué le había hecho yo? Nada. ¿Y ella a mí? Pues tampoco nada. Si las obras de misericordia dicen que dar de comer al hambriento, tu padre era un hombre que padecía hambre, hambre de pan y hambre de mujer. Soledad y yo procurábamos, con nuestro trabajo, que no faltara el pan en casa, y luego, si yo era un esqueleto, y carecía de recursos para disponer de otra clase de manjares que él necesitaba, ¿por qué no ver con buenos ojos el que ella, que disponía de tantas cosas buenas, le diera de esos manjares?

—¡Soledad! —le dije, llamándola.

Ya no se oía el ta-ta de los zapatos de tacón alto golpeando los escalones. Andaba ya por la calle. Salí a la teraza y la vi alejarse, cimbreándose como una jaca al hacer el paseíllo; la vi andar calle adelante, y luego volver una esquina, y yo, allí donde los pensamientos de besos mortales me habían traído una felicidad triste y de completa derrota, volví a tener conciencia de mí misma, de todas las cosas que nos sucedían, y por eso quizá me fui apretando el vientre como si acariciara con amor profundo lo que vivía en mí, y lo que seguiría viviendo, fuera como fuera, lo mismo que tú y yo, porque el deseo de besar el suelo gris —ahora ya negro— se me había ido por completo, empujado por esas palpitaciones de vida, que estremecían este cuerpo, desde hace muchos años terriblemente cansado.

XVI

Ahora comprendo perfectamente por qué nos marchamos a nuestra ciudad. Era como si yo, al llegar allí, fuese a encontrarme, aún vivo, el mundo muerto, el tiempo perdido. ¿Podría resucitar ese mundo? ¿Qué podríamos encontrar ya de aquel otro tiempo? Seguramente nada. Pero nos íbamos, como si luego de recorrer más de doscientos kilómetros en tren nos fuésemos a encontrar una casa, una familia, unas manos amigas. Debía de estar terriblemente desesperada. Me hubiera sido imposible seguir viviendo en la buhardilla. Ya no me quedaban fuerzas para bajar y subir la escalera. Tampoco hubiera podido resistir el encuentro con los señores del principal. Teníamos que marcharnos. Hasta el olor, al mediodía, del clásico cocido, que en otras ocasiones me había gustado tanto, revolvía mi estómago ahora. Y, por otra parte, me sería muy difícil salir al terrado sin pensar en los momentos que precedieron a la llamada de Soledad. Vería la muerte, sus sombras, sobre las losas rojas, y quizá volviera a asomarse a la calle con deseos de besos negros, de dar un beso último, allá abajo, en el duro suelo color de tristeza.

¿Qué diría tu padre en cuanto supiera que nos habíamos marchado? Era mejor no pensar en él, sino hacerse fuerte y mirar hacia delante. Por eso, ahogando unos pensamientos que traían niebla a mi cabeza, pude verme en nuestra ciudad, con una enorme maleta, un bolso y tú a mi lado, temblando por el frío de una mañana de otoño. Había comprendido que nos sería muy difícil seguir adelante sin recordar la cama caliente que habíamos dejado, y la cocina, y la terraza donde tú salías a jugar. Un mundo amargo quedaba atrás, pero ¿qué teníamos delante? ¿No habíamos dejado, después de todo, una casa, la nuestra, la única que yo, luego de casada, había tenido?

No convenía mirar hacia atrás. Era mejor seguir adelante, encontrásemos lo que encontrásemos. El mundo era todo como una mancha negra, como una gran ciénaga, y nosotros flotábamos, pero siempre con peligro de ahogarnos, en esas aguas pestilentes. ¿Por qué no se puede ser feliz? ¿Por qué yo, que de muchacha me había atrevido a soñar, vivía una realidad tan dura?

Anduvimos por el paseo de la Estación. Una claridad gris besaba las paredes, húmedas por la niebla. En el suelo y sobre los bancos había hojas amarillas. Pasaban algunas personas, embozadas en sus gabardinas o impermeables. La niebla quizá se convirtiera en lluvia. Las gentes eran como sombras que absorbía la bruma. Todo dormía, sin embargo, aún. ¿Hacia dónde nos dirigíamos? La barriada donde siempre había vivido yo estaba en la parte opuesta de la ciudad. ¿Qué encontraría allí? Las calles del centro estaban algo cambiadas. De pronto me vi niña, me vi muchacha, y vi a mis padres. Era cuando, junto a ellos, regresaba, en ese mismo tren, de un viaje a Madrid. ¿Por qué entonces no sentía el sueño, ni el cansancio, ni siquera la humedad de la niebla pegajosa? Ahora, Juan, yo había tomado la maleta y el bolso y había salido, contigo, a buscar inútilmente lo que ya había desaparecido. Pero siempre pensaba en el mundo muerto, en la vida que hace años vivimos. Andar en pos de ese imposible es otra manera de soñar. Siempre, pese a vivir dentro de una realidad tan dura, tan amarga (o quizá por eso), he sido un poco soñadora. Huíamos de nuestra casa de Madrid, pero una fuerza tal vez superior a la de la huida había también en mí, empujándome hacia vanos encuentros con ilusiones imposibles de haccrlas revivir. Esa ciudad, la mía, me atraía, me daba un inútil calor, un calor falso, presentido en sueños. Íbamos para no hablar con nadie, para no saber adónde dirigirnos, extrañas y al mismo tiempo familiares todas las cosas que veían nuestros ojos. El paseo, esa plaza, las calles estrechas, los comercios, un garaje, el sereno que se retira, un carro de barrenderos que sale, una vieja que va a misa, el sonido de una trompeta, el tantán de una campana, y un perro vagabundo, y ese otro paseo, y los edificios de los Bancos, y los bares, y la avenida que sube hacia el Instituto, la Normal y las clínicas y sanatorios, y el Parque, con la blanda niebla sobre sus viejos árboles...

Andábamos, mirando yo hacia todas partes, la niebla de unas lágrimas calientes empañándome los ojos. Mi ciudad, una vida imposible de recuperar... Estábamos en ella, Juan, como si mis padres, tus abuelos, fuesen a salir a abrirnos la puerta de una casa que ya no existiría. Yo iba a ser madre por segunda vez. Tu hermano o hermana nacería en la ciudad donde yo nací. Ese mundo era el nuestro, el mío; también el de tu padre. Tu padre no podría enfadarse porque yo hubiera abandonado nuestra casa de Madrid. Tu padre ya no me quería. Poco podía importarle, por tanto, todo lo que hiciera. No era malo, sin embargo. Quizá de vernos aquí, en un amanecer húmedo de octubre, nos hubiese abrazado. Soledad iría a verlo. ¿Cómo pudo trastornarlo de aquella manera? ¡Cuánto quería yo a mi ciudad! Ahí el cine, donde a veces iba con las amigas. Aquellas tardes de sencilla felicidad, tan lejanas... ¿Podrán reconocerme aquellos que me trataron? ¿Buscaría la casa donde me quiso tu padre? ¿Cómo reaccionaría él al ir a la buhardilla? ¿Le escribiríamos?

Todo eso me preguntaba yo, hijo, en aquella mañana de niebla. Tú tiritabas. Nos fuimos, calle Ancha adelante, hasta llegar al Parque. Los grandes árboles dejaban caer sus hojas, pausadamente, como si la niebla las apretara en ese corto espacio. Las vimos caer en los paseos de grava, junto a los setos, sobre los bancos. De los árboles, además de esas hojas, se desprendían grandes gotas, que emitían un ruido sordo al caer sobre el césped. Anduvimos por un paseo, luego por otro. La claridad gris ponía su velo húmedo, blando, suave, sobre los troncos y ramas. No se podía oír música, y yo escuché de momento los acordes de una banda en mañana de domingo. Te tomé de la mano y nos sentamos sobre las húmedas tablas de un banco. Me dijiste algo. No sé si protestabas. Yo seguía oyendo la música. De pronto sonreí, apretándote en la cara. Luego te besé, despacio primero, casi con violencia después. No nos movíamos. Oímos nuevamente el tañido de una campana. Cerca había una iglesia. Pasaron dos mujeres con velo a la cabeza. Después pasaron dos niños, con el cuello de la gabardina alzado y las manos en los bolsillos. Nos miramos. Yo tenía apretado a mí, a mi abrigo raído, a mi cara sin lustre, al vientre hinchado, donde se estremecía la que iba a ser tu hermana Ángeles. No me hubiera movido de allí durante horas. Estaba ya alargando mis manos para recuperar una vida muerta. Estas manos mías, Juan, tan delgadas, tan llenas de temblores siempre, se extendían, fíjate, tocando las finísimas gotas de la niebla. Quería asir y retener algo, un algo invisible, un algo sin cuerpo, como los gases de aquella niebla que te hizo toser. Pasaron otras mujeres y vieron mis gestos. Se dijeron algo, unas a otras, mirándonos. Luego volvieron la cabeza. Yo quería tocar un mundo desaparecido. No las hubiera escuchado, de decirnos algo. Oía música, y risas de niños, y canciones de muchachas. Veía globos, y carritos con caramelos y helados, y al abuelo, sentado en este mismo banco, junto a nosotros, tocándome de vez en cuando la espalda. Oía sus palabras. Veía a un amigo suyo, a un viejo como él, o quizá con muchos más años, que llevaba barbas y venía a nuestro lado para saludarnos, cortésmente, destocándose. Me fijaba en sus ropas negras (las ropas de aquel hombre de sonrisa amable), y en la cadena de plata del reloj, cruzándole el pecho, y en su sombrero. Era un viejo profesor del Instituto, o un inspector de la Normal. Un antiguo amigo del abuelo, que nos sonreía, que me preguntaba cómo iban mis estudios. Seguían las risas a nuestro alrededor. No había niebla. La música se perdía, dulzona, por entre los árboles. Luego, de pronto, dejaba de oírla. ¿Quién lloraba? Eras tú, Juan, cogido a mí. ¿Por qué aquellas lágrimas? ¿Es que tú no extendías las manos para tocar un mundo desaparecido? Claro, tú no habías pertenecido a aquel mundo. Pero yo sí. Y no quería que me interrumpieras, ahora que lo tocaba.

—Mírame —te dije—. Mira, Juan: yo toco el sol, yo rozo las viejas primaveras, yo puedo hacer que el gorjeo de los pájaros se convierta en música, yo... Pero ¿lloras, hijo? ¿Lloras?

Tú no veías nada, y yo no te veía a ti. La niebla se había hecho más espesa. Oímos de nuevo la campana. Teníamos frío. Mis viejas primaveras se escapaban. Los soles tibios huían. La realidad estaba otra vez allí, con su peso gris. Llamábamos la atención, sentados en el banco, con la maleta y el bolso al lado. Mejor irnos, pensé. Mejor dejar quietas ya las manos que palpaban imágenes inútiles. Pero estábamos en nuestra ciudad y eso era difícil. ¿Por qué había vuelto yo al lugar de mis sueños sin realidad?

—Déjame, Juan. Déjame que atraiga hacia nosotros el sol suave de lejanas tardes de otoño...

Me dejabas. Ya no querías mirarme, y llorabas casi en silencio, como si comprendieras mis desquiciados deseos. Yo atraía hacia nosotros el sol tibio de lejanas tardes de otoño. La gente iba hacia el Estadio, en masa, como en manada, hablando animadamente. Yo estaba allí, en aquel banco, viendo a todos los que pasaban, y sin ver a nadie. Veía a Ulises luchar contra las sirenas que querían cautivarlo. Veía al dios Poseidón mandar todo su poder sobre los siete mares, para destruir al héroe. Veía al dios Zeus poseyendo a Danae, después de convertirse en lluvia de oro. Veía a Edipo, lejos de la casa paterna, en el palacio del Polifo, rey de Corinto, quien lo había adoptado como a hijo, para verlo después en la casa donde nació, cohabitando con Yocasta, su madre, cumpliéndose así la profecía del oráculo. Veía a Don Quijote hacer penitencia mientras Sancho llevaba un mensaje a Dulcinea. Veía a Lazarillo buscar comida por las calles de Toledo para él y para su amo, el arruinado pero orgulloso hidalgo. Veía a Santa Teresa recorrer los caminos de Castilla para fundar el Carmelo. Veía... Las gentes gritaban luego allí donde veintidós hombres daban patadas a un balón. El sol se mezclaba por entre las ramas de los árboles. Me caían hojas. Me saludaban los pájaros con sus gorjeos últimos. Se iba el sol. Una ligera bruma ponía velos casi invisibles por entre las hojas amarillentas. Junto al estanque de verdosas y quietas aguas reían los niños viendo saltar a los peces de colores. La masa volvía del Estadio. Yo no había andado, recorriendo, sin embargo, los mares del mundo, junto a Marco Polo. Estaba allí, en aquel mismo banco donde tú y yo tiritábamos en la mañana húmeda de otro otoño, y sin embargo había recorrido junto a Don Quijote y Sancho los caminos de la Mancha. Dejaba que pasaran los que ahora comentaban, alegres o disgustados, los incidentes de aquel juego que yo no entendía. Me levantaba después. Los niños también se iban. Y los viejos, y los vendedores de golosinas. Y las niñeras y los soldados. Un ligero temblor del primer frío me recorría las carnes. El estanque quedaba sin voces infantiles al lado. Me acercaba. Los peces se escurrían por entre la ova, acercándose a los trozos de papel (fundas de caramelos, un cromo viejo...) lanzados por los muchachos. Los libros descansaban en mis manos. Volvía a casa al fin, lentamente, espigado y apenas sin carnes aquel cuerpo mío, con un alma repleta de sueños y un corazón que se preparaba, sin advertirlo, para enfrentarse con las más duras luchas.

Tú no podías ver ese mundo, pero yo lo rozaba, alargando mis manos. Por eso te decía:

—No, déjame. No me hables. No llores. No me interrumpas...

Iba por los paseos, cerca de las parejas de novios que habían salido a estrujarse junto a los troncos de los árboles. Ellos venían, yo me iba. No podía verlos aunque los mirase. Llevaba dentro de mí un amor por todo, un amor por mil cosas que tal vez no tuvieran vida.

—... Déjame. Calla, Juan.

Me mirabas sorprendido, porque volvía a alargar mis manos con peso de libros recordados, con frescor de anochecer sereno sobre su piel. Me dejabas, y así yo veía el cielo rosado, y los campos sembrados de patatas, y una pinada, allá lejos, y la carretera blanca que se alargaba hacia los pueblos serranos, y la otra carretera, de color gris, que se perdía, recta y llana, hacia los pueblos blancos de las tierras de trigo. Veía las casas bajas de las afueras, y la iglesia que estaban construyendo, cerca ya de nuestro domicilio, y que se quedó a medio hacer, convirtiéndose después en almacén de víveres para los milicianos.

No podías romper mi ensoñación, Juan. Temblábamos los dos. Al fin, me levanté. No quería ver nada más. No quería ver la casa hundida de los abuelos, porque entonces me acercaba a otro mundo más próximo, lleno de dolor ya. Tomé la maleta y el bolso y echamos a andar, algunas miradas curiosas sobre nuestros cuerpos mojados por la niebla.

XVII

SIGUE EL VIENTO. Debo de tener los ojos hinchados ¿Cómo es posible que pueda estar acostada, Juan? Es por el cansancio. Estoy rendida. Ángel también debe de haber llegado con mucho sueño. ¿Tendrá frío? Yo me siento ahora un poco mejor, más sosegada. Eché un corto sueño antes. Luego he estado pensando. ¿Es que no comprendo bien lo que ha ocurrido? ¿Es que no doy la importancia que tiene el que tú estés en el depósito? O quizá sea por eso, porque no puedo dejar de pensar en ti ni un sólo momento, y de esta forma, quiera o no, tengo que darle vueltas a nuestra vida, siempre tú por medio.

Ahora aprieto las ropas sobre mi cuello. Pronto se hará de día. He pasado miedo en algunos momentos. Se oían las ramas de los árboles y las maderas de una ventana. Es fácil entonces pensar en las viejas historias de fantasmas que nos han contado alguna vez. La abuela de los cuentos se iría al cielo. ¿Habrá un cielo para nosotros, Juan? ¿Qué es el cielo? ¿Cómo se gana el cielo? ¿Lo ganan las gentes que rezan, o las gentes que sufren? ¿Cómo será Dios? ¿Es justo o injusto? ¿Por qué nos da estos latigazos? Yo pregunté si había venido un confesor a atenderte y me dijeron que sí, el capellán católico, y también, luego, un sacerdote español. He hablado yo después con ese sacerdote español. Es joven, casi de tu edad. Viste de paisano, un traje gris oscuro, y lleva al cuello una tirilla. Tiene mucho trabajo aquí, me dijo. Hablaba con naturalidad, pero un poco emocionado. Yo no podía calmarle. Él parecía comprensivo. Me puso una mano sobre la cabeza, como si quisiera apartar, con la suavidad del que ama, los malos pensamientos que se amontonaban bajo mis cabellos encanecidos. Le dije:

—¡Ay, si usted supiera...! Cuánto llevaré pasado, cuánto...

Se quedó en silencio, y aquel silencio me ayudó a derramar unas lágrimas, serenándome. Después sé que ha estado con dos de tus compañeros activando todo para que pueda sacarte de aquí cuanto antes. Quizá venga con los chicos apenas amanezca. Ángel también debe conocerlo. Hablé con él, aunque no mucho, de Luisa. Él dijo:

—Estas cosas, estas cosas...

Y se quedó pensativo, con las manos juntas, como si rezara. Le hubiera contado muchas cosas de nosotros, de nuestra vida, especialmente de ti. Tenía que marcharme y me quedé sola. Tú ya habías muerto y Luisa estaba a tu lado. Se marchó luego, con el niño. Creerá que la odio. Un poco sí. También la comprendo. A veces, una mujer... Ella tenía a su esposo. Sin embargo, ¿qué le faltaba?, ¿qué le diste tú? Tendré que hablar con ella algún día, sobre el niño. Ahora me parece que la veo pasar por nuestra calle. Salían los hombres de los talleres, dejaban de amasar el yeso los albañiles de las obras. Tú pasabas algunas veces a su lado con la moto, a buena velocidad, como para asustarla, y ella, según supe, te decía gamberro. Le tenía tirria yo a esa mujer, tan peripuesta siempre. Después me enteré que te seguía diciendo gamberro, pero que eras un gamberro simpático, por lo que ya, cuando pasabas a su lado y le decías algo, ella te sonreía. Luego, el mismo marido creo que te llamó para que le arreglaras la estufa de butano. ¡Pobre ignorante! O tal vez no lo fuera. Ve y adivina por qué te llamó, pues más tarde, cuando lo supo todo, ni siquiera le tocó a ella el pelo de la ropa, que suele decirse. Hay hombre y hombres. Tú ibas ya de vez en cuando a aquella casa, entrando como en la nuestra. Encarna tenía motivos para enfadarse. Pero sabías reconciliarte con ella. Eras un pinta, comentaban. Nunca oí que dijeran: «Es una mala persona». No lo eras, como tampoco tu padre lo había sido. Él hasta era indiferente con respecto a las mujeres. Sólo yo era mujer para él. Luego... Los hombres siempre lleváis ese deseo de poseer a todas. Tú ya estabas metido de lleno en el lío. Y ahora, Luisa... ¿Quieres creer que siento pena por ella? ¿Vendrá a despedirnos? Ahora, ella...

Pronto veré la claridad plomiza del amanecer. Se oyen algunas sirenas. Las fábricas empiezan a abrir sus puertas. Por el hospital olerá pronto a los vapores calientes del desayuno. Habrán empezado a encender las cocinas. El viento cesa. Alemania entera se estará desperezando. ¿odio a este país? Es un pueblo nuevo, rehecho. He visto muy poco y no sé de él nada más que lo que una y otra vez me fueron contando. Al venir hacia aquí no podía fijarme en nada. Pensaba en ti y en toda nuestra vida, como he pensado después.

Mañana, es decir, hoy, un mundo de trabajadores se lanzarán a sus puestos en talleres, fábricas, laboratorios y oficinas. Tú no oirás el agudo lamento de las sirenas. Tus compañeros hablarán de ti durante algún tiempo. Ángel contará muchas cosas, con disgusto, todavía con tristeza, a los que trabajan con él en Stuttgart. Luego, unos y otros irán olvidándose de ti, de mí, de estos días, de todo...

¿Nos iremos hoy? Ahora me he serenado. Vi imágenes fantasmales, pero la proximidad del nuevo día me hace estar más tranquila. ¿Qué habrá hecho tu padre? ¿Y Ángeles y José Antonio? Las vecinas habrán ido a casa, y tal vez alguna de ellas se haya puesto a rezar un rosario por tu alma.

Cuando lleguen estas fechas, estos días del frío febrero, yo tendré siempre un instante para pensar en ti, para llorar, para mover los labios y rezar despacio un Padrenuestro. Serán fechas con números completamente negros, de luto que no se olvida. Ahora, otra vez siento deseos de protestar, y a la garganta me suben de nuevo gritos que he mantenido sujetos más allá del corazón. Quisiera decir que no hay derecho, que no es justo sufrir de esta forma. Pero ¿para qué chillar?

Me sereno. He querido que las manos de Ángel, convertidas en tus manos, me acariciaran estas carnes flacas, cansadas. La cabeza me zumbaba, Juan; parecía como si se me escapara del cuerpo, toda repleta de pensamientos, de imágenes, de pesadillas. He pasado miedo. Aún sufriré crisis nerviosas antes de encontrar a tu padre, si es que lo encuentro, allá en la frontera española. Pero es que me han golpeado demasiado fuerte. Un hachazo, otro. Un verdugo cruel dándome golpes, partiendo mi cuerpo en mil trozos. Cuando mi corazón se detenga, agotado por completo, le diré a Dios, si es que lo veo, si es que alguna vez hay un Dios para mí, que he cumplido a conciencia esta serie ininterrumpida de dolores, de sacrificios, que lanzó sobre mi vida, como si yo, alguna vez, hubiera mirado al cielo con ojos violentos. Pero ¿qué sé yo de Dios? ¿Qué sabemos nosotros de todo ese mundo que existe más allá de las nubes?

Tengo temblor en las manos. Oigo la vida, que se despereza, en torno nuestro, y ya no podré, sin embargo, verte a ti mezclado en esa vida. Pero ni una sola lágrima salta ahora de mis ojos. Lloro, pero no aquí, sino allá donde, solamente en compañía tuya, dejaba que la niebla de un amanecer de otoño me fuera mojando las ropas, las carnes y el cansado esqueleto de mi cuerpo, con un terrible cansancio ya.

XVIII

ME CANSABA QUE JEROMA, la dueña de la pensión, estuviera mirándome a cada instante como si yo fuera un bicho raro. Temí que me conociera, que dijese al fin que me había visto antes. En seguida empezó con las preguntas. Luego te miraba a ti. Yo procuraba hacerme la desentendida. Tú sí respondías. Tú, hasta que luego yo, a solas, te dije que te encogieras de hombros, le decías que habíamos venido de Madrid, que allí teníamos una casa pequeña, con terrado, una casa que querías mucho, sobre todo por aquella terraza donde tanto habías jugado y desde donde podías ver otras azoteas, y los tejados, y los hilos del tendido eléctrico. Luego, la mujer empezó a mirarme a mí agriamente, como si sospechara que yo te había pedido que no le respondieras a nada. ¿Por qué aquella impertinencia? Estuve a punto de tomar de nuevo la maleta y el bolso y salir a la calle para buscar otra pensión. Habíamos andado por el barrio donde estuvo la casa de mis padres, y primero pensé buscar alojamiento por allí cerca. Después nos vendríamos hacia estas calles estrechas del centro, a esta plazuela de los Jardines, para meternos en la pensión de igual nombre. La gente que había hospedada parecía como si no fuese de nuestro país, tan sombría. Había una mujer que se dedicaba a la compraventa de antigüedades y un muchacho que siempre llevaba gafas ahumadas. Todo el mundo parecía, igual que nosotros, llevar sobre sus espaldas el peso de la tristeza. Jeroma era, sin embargo, una mujer habladora, preguntona, indiscreta, aunque sabía estar al quite, y sonreír, pidiendo disculpa, cuando los clientes la miraban con un gesto de fastidio.

Me cansaba de que nos mirase tanto y de que hiciera tantas preguntas. Habíamos alquilado una habitación pequeña con un ventanuco que daba a un estrecho patio de luces, por donde subían olores de sumideros, y olores de cocina, y las canciones desentonadas de una muchacha que abría y cerraba grifos, chapoteando ropa sobre el agua de una pila. Oíamos también, por las mañanas, las descargas de las cisternas de los retretes y hasta las conversaciones de los vecinos, malhumorados muchas veces. Era una pensión de ínfima categoría, y pronto pude comprobar que Jeroma, con sus falsas sonrisas y sus aires de misterio, había sido una mujer dedicada, en otros tiempos, a oficios más rentables. Tenía los cabellos rubios, teñidos, por lo que ocultaba estupendamente las canas. Se pintaba mucho y solía calzarse, hasta para ir por la casa, con zapatos de tacón alto. Vestía faldas ceñidas, y al andar movía el trasero como si aún pudiera levantar a su paso las miradas sin ilusión de los hombres que la rodeaban.

Nos habíamos metido allí porque pensé que nadie podría reconocerme. Por la plaza de los Jardines había pasado yo muy pocas veces. Lo mismo por las calles adyacentes, con tantas tabernas, bares, cafetuchos y casas de mala nota. La plaza tenía dos jardincillos de setos raquíticos, con una pequeña fuente, sin agua ahora. Las casas eran viejísimas, con balcones, y las mujeres que allí habitaban salían a tomar el sol a aquellos balcones, despeinadas aún, y hablaban unas con otras, y palpaban la ropa que habían puesto a secar. Por la mañana pasaban hombres de aspecto sombrío, con la barba crecida, las ropas manchadas de yeso o de grasa, hacia su trabajo cotidiano. Había un viejo a la puerta del bar Flores, que vendía tabaco, y más allá estaba el ciego —joven aún— que pregonaba los cupones y la lotería.

La pensión tenía habitaciones que daban a la plaza y otras a una calleja, la más ruidosa de todas las del barrio. La nuestra era interior, y tú, Juan, querías que tuviésemos una de aquellas que daban a la plaza, por donde, en las mañanas, entraba un sol apetecible. El comedor estaba en el centro, y no tenía luz directa. Jeroma había puesto, fuera de la lámpara de cinco brazos, una bombilla de poca potencia, que siempre tenía que estar encendida, dando un aspecto triste, de sótano iluminado con candil, a aquella habitación en cuyas paredes, repletas de viejas y oscuras litografías, podía verse, entre cuadro y cuadro, el papel descolorido, con borrosos arabescos formando hojas, espigas y flores.

No era nada extraño que muchas noches vinieran,

para ocupar las habitaciones que daban a la calleja ruidosa, reservadas con ese fin, algunas mujeres que hacían su mercado por los bares y cafetuchos del barrio. Aquello me hizo recordar a Soledad y a tu padre, también a Ramón, el anarquista que lo empujó hacia esa segunda ausencia. Y también me empujó a sentir deseos de huir lejos, a cualquier sitio. Y sobre todo me empujaba, en las noches de desvelo, a querer asir nuevamente el mundo perdido. Aquellas mujeres subían, seguidas de hombres de mirada torva, inquieta, brillante, a los que ya les temblaban las manos pensando en el goce, tan próximo, que iban a vivir. Ellas daban un golpecito en la puerta, siempre entornada, y decían: «Jero...», y la dueña salía, sonriente, casi haciendo reverencias, y conducía a la pareja hacia la habitación desocupada, llevándose en seguida unos paños y agua caliente, para retirarse con unos duros en la mano, que luego contaba casi con mimo.

Nosotros disponíamos de algún dinero, no mucho, y sólo pedí que nos alquilara la habitación, una de las más baratas, dejándonos la cocina para que yo preparase nuestras comidas. Así empezó para los dos una nueva vida. Lo peor vendría dentro de unas semanas, cuando yo ya no pudiera sino esperar a tu hermano o hermana. Pensé qué haría entonces. No veía ninguna solución. Ni la dueña, ni la criada de ropas negras que andaba por la casa como una sombra, ni tampoco los huéspedes, me inspiraban confianza como para pedirles que me ayudaran. Tampoco era prudente que yo empezara a trabajar por entonces.

Necesitaba que me viese el médico, y por eso, sin decir nada a nadie, te tomé de la mano y nos fuimos al hospital. Fui bastante bien atendida. Daría a luz allí, pasado un mes, y posiblemente todo saldría bien. Me hicieron muchas preguntas, un médico y luego una monja. A la monja le hablé más claramente. Y ella, al escucharme, decía: «¿Sí? Vaya, por Dios...» Pero sin estremecerse, acostumbrada, a lo largo de su vida de religiosa, a ser testigo de más tristes calamidades.

Salí animada. El médico me mandó unas inyecciones, que me pondrían allí mismo, en el hospital, y la monja me dio un frasco de reconstituyente, del que tomábamos los dos. También me dijo el médico que paseara. Por eso empezamos a salir todas las mañanas. Íbamos al Hospital, me pinchaban, y luego nos dirigíamos hacia el Parque, para después, sin poderlo evitar, acercarnos hasta donde había estado la casa de los abuelos.

El barrio había cambiado por completo. Todos aquellos solares, desde el cuartel hasta la ciudad, carretera adelante, los había adquirido una inmobiliaria. Se veían grandes naves, repletas de yeso, cemento, hierro y ladrillos. Entraban y salían camiones. Más allá había unas maquinarias triturando piedra negra. Se levantaban nubes de polvo. Los trabajadores estaban sucios y escupían una saliva oscura, casi negra, un amasijo que debía de herirles los pulmones.

No podía permanecer mucho tiempo allí. Antes, detrás de nuestra casa, había unas huertas, con sus casas blancas, donde podían verse carruajes, mulos, caballos, y desde donde me habían llegado, en todos los amaneceres, el canto de los gallos, el cacareo de las gallinas, el mugido de las vacas. Todo aquello había desaparecido. Primero lo acuparon las tropas y los milicianos. Luego lo había comprado esa empresa de la construcción que hacía carreteras, asfaltaba calles y levantaba edificios de varias plantas.

¿Para qué seguir allí, Juan, entre el polvo blanco del yeso y el polvo gris del cemento, oyendo el ruido de los motores y las voces de los hombres? ¿Podría acaso ver mi vieja casa, con su portal de losas rojas, con su amplia cocina, con la alcoba grande de los abuelos, con la salita-biblioteca, en donde se sentaban mis padres, ella para hacer punto, él con un libro en sus manos, blancas, pequeñas, un poco temblonas? ¿Vería los muebles oscuros, los cuadros con litografías, uno con un óleo, que era un paisaje urbano de la ciudad, la calle Mayor, tan llena de comercios de rótulos llamativos, pintados por un amigo del abuelo? ¿Dónde fue a parar todo eso, Juan? Yo dejé la casa como después la de Madrid, sin apenas tomar nada, diciéndome que ya volveríamos. Pero ni entonces volví ni después, a la otra, tampoco. A la ciudad fue tu padre solo, y todo era ya depósito de municiones, como casi todas las viviendas del barrio. Recuerdo que no hice ningún comentario. Lloré un poco, en silencio. Los muebles quizá hubieran sido repartidos entre los milicianos, me dije. Era lo mismo. Nada íbamos a recuperar. Luego, acabada la guerra, el dueño de todas aquellas casas, o sus herederos, lo venderían todo a algún hombre enriquecido ve tú a saber de qué forma.

Nos volvíamos, carretera adelante. No sé si algunas de aquellas mujeres que aún vivían en sus casas modestas me reconocerían. Yo no las miraba. Quizá no vieran en mí sino a una desconocida, a una mujer de andar vacilante, que ocultaba, bajo las raídas ropas, un vientre no del todo lozano. Nos deteníamos por las callejas del centro. ¡Qué lleno de recuerdos todo! Miraba yo la fachada de la Catedral, y a las hombres que vendían el tabaco de colillas, sentados en la escalinata, al sol, y a los niños que no iban a la escuela y que perdían el tiempo allí, jugando a los tejos, intercambiándose cromos y tebeos. Recorríamos la plaza Mayor, el mercado, donde comprábamos un poco de verdura, unas patatas y una barra de pan moreno, que yo guardaba en el fondo del bolso. Pensaba ya a qué clase de trabajo me dedicaría después. Mis fuerzas y mi estado no me permitían hacer nada por entonces. ¿Cómo viviríamos más adelante? El dinero se nos terminaría poco después de dar yo a luz. Pero ¿por qué pensar siempre en lo peor, en cosas que nos inquietaran?

Quería pasear por las calles de mi ciudad, y las recorría contigo. Cualquier viejo que tomaba el sol, sentado a la puerta de su casa, o en los bancos de un paseo público, podría ser el abuelo resucitado. Me acercaba a esos viejos y los miraba un instante, mientras tú, sin comprender, tirabas de mi mano, impaciente, deseoso de llegar no sabía yo dónde.

Luego, en la pensión, preparaba la comida, nos sentábamos en nuestra habitación y comíamos, en silencio, oyendo la canción desentonada de una joven, y los grifos, que chirriaban, y las cisternas de los retretes, y las disputas acaloradas de unos vecinos, mientras un olor a verduras cocidas, a guisos sin aceite, subía y bajaba por aquel estrecho patio de luces con las paredes húmedas, recaladas por los reventones y escapes de las viejas tuberías. «Mañana... ¿Qué nos deparará el día de mañana?», solía preguntarme, aunque no quería pensar en el futuro. Pero eso era imposible. También pensaba en tu padre, del que nada sabíamos. ¿Cómo estaría? ¿Saldría pronto? ¿Vendría a vernos? ¿Se iría con Soledad? ¿Buscaría a viejos camaradas para seguir metido en líos? Luego dije, en voz alta:

—¿Por qué no le escribimos?

Tú me miraste.

—¿A padre? —dijiste.

—Sí.

—Escríbele.

—Le escribiré, sí. Mañana le escribiré.

Y aquella tarde recuerdo que bajamos de nuevo a la calle para comprar cartas y sellos.

XIX

Querido Antonio:

Si sales pronto —Dios lo quiera— y vas por casa, a lo mejor te quedas en ella y luego ni siquiera preguntas a los porteros por nosotros. Quizá hagas bien. Esto que hemos hecho es abandonarte. Pero yo no podía seguir allí. A lo mejor crees que nuestra huida se debe a que nada nos importas. No pienses eso, Antonio. Juan te nombra mucho, preguntándome por ti. Y yo... ¿Qué hubiera hecho ya para recuperarte, para tenerte de nuevo, sin violencias, a mi lado? No te guardo rencor por lo de Soledad. Tampoco a ella la odio. Me habéis hecho sufrir, pero ¿qué importa esa cuando existen dolores más profundos? Sabes que voy a tener otro hijo; tal vez la niña que deseabas. Es posible que esta nueva maternidad se la debamos a ella. Soledad te empujó a acercarte a mí, con desespero, salvajemente, aquella noche. Primeramente te odié, Antonio. Era más fuerte que yo el asco, la repugnancia. Luego pensé que ya no era la Soledad que tú habías querido estrujar con tus manos, sino yo misma, María, tu María, la pobre mujer que elegiste por esposa, que de nuevo recibía amor, un amor violento, pero algo auténtico también. Soledad volvió por casa un día. ¡Si supieras en qué momento llegó! Ya hablaremos de todas esas cosas algún día, si es que nos buscas. No podía seguir en Madrid por varaias razones, muchas de ellas más fuertes que el recuerdo de tu abandono hacia mí. Todo eso está perdonado, puedes creerme. Pienso en ti. Pienso, y mi cuerpo, apaleado por la vida, se estremece. Juan es mi compañía, mi aliento. A veces pienso... No me gusta recordar algunas cosas. A Ramón, por ejemplo, pues él te empujó a que creciera en ti una rebeldía no del todo muerta. No he ido a despedirme porque, falta de fuerzas, temía ver a aquel hombre, al que llamaste amigo. Los amigos no hacen daño a sus amigos. Ese hombre te ha llevado a la cárcel. Espero, sin embargo, que salgas pronto, y que vendrás en seguida a buscarnos, aunque también puede ser que golpees la puerta, las paredes, los muebles de nuestra casa, no acercándote nunca más a nosotros. No he pedido ayuda a nadie, como hiciera en otras ocasiones. No quise entrar en la casa de los señores de Jiménez Luna. Estaba desesperada y hubiera llorado mucho delante de doña Paloma. No puedes imaginarte los ratos, tan terriblemente tristes, que hemos pasado, solos, al poco de que te llevaran a ti. Pero... No, no te lo voy a contar. También tú lo estarás pasando mal. ¿Nos escribirás? Estamos, como puedes ver, en nuestra ciudad. Aquí... He querido recuperar algo de lo perdido, un calor muerto por el frío de muchos inviernos. Nada de lo viejo me rodea. Sólo la ciudad, con sus antiguas callejas, con sus plazuelas, con sus iglesias, y el Parque. Juan y yo salimos todas las mañanas y recorremos los sitios por donde, en aquellos tiempos en los que aún soñaba, solía andar otra mujer, no la María de hoy, tan deshecha. Me vine aquí, como si manos queridas fueran a acariciarnos a nuestra llegada. Escríbenos, Antonio. Que no te perdamos. Ve, si quieres, a buscar a Soledad, si crees que de verdad la necesitas. Pero no nos abandones del todo. Voy a tener tu segundo hijo. Tuve miedo de que llegara encontrándome sola en una ciudad como Madrid. Daré a luz en el hospital de aquí. Ya me ha visto el médico. ¿Cómo quieres que le ponga al pequeño? Yo he pensado que si es niño, Antonio, o José, o estos dos nombres juntos, y si es niña, Ángeles. ¿Qué te parece? Escríbenos si puedes, si te dejan. No puedes figurarte... Pero ¿para qué creerme que estoy tan mal, si lo que debo hacer es pensar en ti? No te guardo rencor por nada, Antonio; no me lo guardes tú tampoco por haber dejado nuestra casa. Vente aquí, apenas salgas, y luchemos para encontrar, y para siempre, una verdadera casa. Te quiere...

Esperé contestación. Llegaron antes los dolores. Tú me mirabas.

—Mamá, mamá...

Te cogí de la mano para salir hacia el Hospital. El muchacho de gafas oscuras hablaba con la señora de las antigüedades. Luego salió Jeroma. En la acera había una prostituta, una Sole ya deshecha, cuarentona, que ultimaba el trato con un hombre gordo y de ojos saltones. Era al anochecer.

—Necesitaría un taxi... —dije tímidamente.

Y el muchacho de las gafas fue corriendo a buscar uno.

Nos fuimos, los dos solos, y aquella noche, a las doce, tú, Juan, tenías una hermana: había nacido Ángeles. La vi, con una carita minúscula, sonrosada y con la pelusilla oscura. La apreté contra mi pecho. Apenas me había quejado. Los médicos dijeron que era una mujer valiente, fuerte. Tuve que sonreírme. Me dieron caldo, caliente, muy rico. Luego pregunté por ti. Dormías. Al día siguiente yo te diría: «Mira, Juan, la cigüeña, que...» Pensando esto me entristecí. ¡Qué lejos de nuestra vida las poéticas y pueriles historias de hadas, de cigüeñas, de cartas a París! Todo era tan duro, tan real, que luego pensé decirte que había dado a luz mi segundo hijo, que era una niña a la que pondríamos de nombre Ángeles. Eso te diría, sencillamente.

Me dormí, rendida. La niña lloró un poco luego, y cuando el médico comadrón creyó oportuno la amamanté. Entonces deseé que tu padre rompiera los muros de la cárcel, que volara por los aires, apartando todas las negras nubes, y que me estrechase fuertemente contra su pecho. No podía mirar a nadie ya viéndome a mí dar el pecho a su hija, tan deseada en un tiempo por él. Pero tu padre, Juan, ni siquiera había escrito. Esperamos en vano su carta. A ti te cuidaban las monjas. Yo les dije que, por favor, fuesen a la pensión por si habíamos tenido carta de tu padre. Fue un enfermero. Nada. Quise llorar y mis ojos parecían secos. Luego apreté a Ángeles. Tú habías venido a verla.

—Mira, Juan, tu hermana...

Sólo te dije esto. Y añadí después:

—Es tu hermana, bésala.

Le dijiste algo. Las monjas sonrieron. Luego, yo hablé de tu padre. Hablaba para mí sola, pero en voz alta.

—Tiene que venir. Vendrá... —dije.

Y casi aplasté a la pequeña entre mis brazos. Pensaba en las veces que deseé la muerte, llamándome cobarde, sintiéndome responsable de otra muerte, que pudo llegar, con las nuestras. Quizá por eso quería mucho más a tu hermana. La acariciaba, diciéndole mil cosas en voz alta. Las monjas me miraban, un tanto displicentes, como comprendiendo esta ternura mía, igual que si ellas también, algunas veces, hubieran sentido este hondo amor de madre. Me cuidaban bien y pronto estaría repuesta. Por eso pensaba ya en un trabajo para mí. Pero ¿y la pequeña? Un problema. Y otra vez a darles vueltas a los pensamientos. ¿Por qué no tendríamos nosotros una casa, Juan, y una paz, y un vivir digno, como otras gentes? Pensé volver a Madrid. Y otra vez los pensamientos, girando. ¿Qué haríamos en la buhardilla? ¿Dónde os dejaría a vosotros? ¿Y si fuese, una vez allí, a casa de los señores de Jiménez Luna? ¿Podría trabajar llevándoos a los dos? No pediría ningún dinero, sino que trabajaría por la comida mía y la vuestra; también pediría algo para llevarle a tu padre.

—Volveremos a casa, volveremos... —dije, animada. Pedí papel y pluma y, aunque todavía estaba débil, escribí una carta...

...Ya ha nacido Ángeles. Es hermosa, Antonio. Me hubieseis hecho sufrir mucho más, tú y la vida, y estaría agradecida ahora a ti y a la vida. ¿Quieres creer que, pese a todos los sufrimientos, soy casi feliz? ¿Cómo pueden hacer tanto bien a una madre estos hijos, el uno de ocho años y la otra recién nacida, cuando se tienen aquí cerca, cuando puedo acariciarlos, cuando ellos, uno consciente y el otro inconscientemente, también me acarician? Antonio, si estuvieras libre, si pudieras ver a tu hija... No quisiera decirta nada que llevara dolor a tu pecho. Ten ánimo. Ten esperanza. Saldrás. Puedes ir, si quieres, luego, por las calles donde vive y trabaja Soledad. Dile que la recuerdo. Que no le guardo rencor. Que tenemos una hija que también es un poco hija suya. Dile lo que quieras. Acuéstate con ella, si lo deseas, si crees que «eso» te puede hacer feliz. Pero ven, ven luego; ven y besa a esta hija tuya, tan hermosa, a la que mañana, si Dios quiere, bautizaremos, poniéndole Ángeles de nombre. Te quiere siempre ...

Pasaron los días. Ya estábamos en la pensión. El dinero se terminaba. Los huéspedes vieron a tu hermana, y la mujer de las antigüedades, aunque de aspecto extraño, casi sin palabras para nadie, le compró un chupete, y el chico de las gafas oscuras un sonajero, y

Jeroma me dio un bote de leche. Entonces, aquel día, Juan, yo dije que el mundo no es malo, repitiendo estas palabras varias veces, hasta que mi garganta se quebró en sollozos, y tú viniste a mi lado, creyendo ¡qué sé yo! que me daba un ataque y que la nena se me iba a caer de los brazos. Los huéspedes y la dueña me parecieron gentes buenas, con educación, con alma predispuesta a la caridad, y hasta las dos prostitutas que llegaron a las primeras horas de la noche no se me antojaron sino dos muchachas sucias de cuerpo, pero con un corazón grande, pues ellas, enteradas por la dueña de que yo había dado a luz días antes una niña, y que me encontraba en difíciles circunstancias, dejaron a la hora de pagar las habitaciones un donativo para mí. Esos donativos fueron a engrosar una especie de suscripción que habían iniciado la señora de las antigüedades, pues luego me trajeron harina, azúcar y café, y otro bote de leche. ¿Por qué me había parecido aquel mundo tan malo? ¿Por qué he pensado tantas veces que en esas calles estrechas, repletas de vicio, no existían sino cuerpos egoístas? Guardé silencio, viendo todo lo que habían traído a nuestra habitación. Al día siguiente tomé la pluma y el papel para escribir nuevamente a tu padre, aunque ni una sola esquela habíamos recibido de él. Y...

Le estaba contando todo lo que habían hecho aquellas gentes; le hablaba de mi emoción por aquellas acciones; le estaba diciendo que casi había sido rozada por una hermosa felicidad, al ver la caridad de unas gentes, cuando, de pronto, oí pasos que se acercaban a nuestra habitación. Dejé la pluma. Me temblaban las flacas piernas, pues yo había reconocido aquellos pasos, que no podían ser sino los de tu padre. ¡Y eran de él! ¡Era él, tu padre, Juan, que llegaba, que había salido de la cárcel, que venía a vernos, seguramente para vivir siempre ya con nosotros! No nos dijo nada de momento. Se quedó mirándonos. Le miramos tú y yo. Miró él luego hacia la cama, donde dormía Ángeles. Y fue a ella a quien abrazó primero. Estaba allí, con nosotros. Era un hombre viejo, muy delgado, más cansado por este segundo golpe de ahora. Cuando pudo hablar dijo:

—Perdona, María.

Le abracé, sin decirle nada. Luego te miró a ti. Parecía como si se avergonzara al mirarte.

—Juan... —dijo.

Y te puso una mano sobre la cabeza.

—Abrázalo, Juan —te dije yo a ti.

Los huéspedes y la dueña ya sabían que aquel hombre era mi marido. Él lo había dicho al tocar a la puerta y salir Jeroma. Ahora hablaban de nosotros. Luego, él les agradecería las atenciones que habían tenido conmigo. Dejó la niña sobre la colcha, mirándola aún. Después, cuando tú te dormiste en una cama improvisada sobre sillas, él habló mucho, casi hasta la madrugada. Yo le cogía las manos, diciéndole que no le guardaba rencor, que estaba allí y eso era lo más importante.

—Estuve enfermo —dijo—. Por Soledad —añadió.

Entonces sí odié a Soledad. ¿Quería a tu padre para eso, para envenenarlo en su alma y en su cuerpo? La odié, apretando los puños. Luego sonreí levemente, diciendo:

—Pero te has curado, ¿no?

—Allí, en la enfermería.

Tenía la cabeza gacha. Comprendí que cuando un hombre le dice esas cosas a su mujer es que le duele todo lo vivido lejos, de espaldas a ella.

—No quisiera que ya... —prosiguió, fatigado.

—Duérmete, Antonio —le dije—. Ya seguiremos hablando.

No me había dicho nada de nuestra casa de Madrid. Tuve miedo de preguntarle. Pero eso tenía poca importancia ahora. Me cogí a su pecho y dejé que mi cabeza reposara allí, mientras él alargaba la mano para acariciar a la nena.

—Estás aquí... —murmuré aún.

Y dijo él:

—Aquí...

Y nuestras palabras fueron ahogadas por un sueño lleno de paz...

XX

YA ES DE DÍA. Todo el mundo está en pie. Hace rato que me llega el olor del desayuno. Aquí amanece muy tarde, en este tiempo, creo. No sé la hora que será. Es igual. Me traen el desayuno. También a Ángel. Son amables, aunque frías, estas gentes. Ángel me mira con curiosidad. Él ha dormido bastante. Yo, poco. Le digo:

—Anda, tómate esa leche, que se te enfría.

Y empieza a dar pequeños sorbos, bebiéndose poco a poco el contenido del vaso. Luego toma el pan con mantequilla. Yo hago lo mismo. Me he levantado. Ya estaba el personal del hospital en pie. Los médicos empezarán su trabajo en seguida. Los enfermos se desayunarán ahora. Se nota un agradable calor. El viento ha cesado casi por completo. Llueve sosegadamente. El jardín, con los árboles desnudos, me parece algo tristísimo. Ya no quiero seguir tomando más pan con mantequilla. Es un buen desayuno éste, aunque a nosotros nos gusta más el café con leche o el chocolate para mojar picatostes. He de verte de nuevo. He estado contigo, toda la noche, pero lejos de esta realidad, viendo otras realidades, también duras, tan duras que, en algunos momentos, me parecieron capaces de borrar ésta de ahora, con la que de nuevo temo enfrentarme.

Estoy en el depósito. Ángel me ha seguido. La llama de la mariposa es débil. Una de las velas del otro cadáver se ha apagado. Hay una mujer sentada junto a la puerta. Puedo ser yo, que no me he movido de aquí en toda la noche. Puede ser Luisa, que dejó el niño y volvió para llorarte.

No lo puedo evitar: alargo mis manos y te acaricio. ¡Qué frías están tus carnes! ¿Me traerán al fin los documentos que necesito? ¡Qué helada está tu cara! No puedes verme, Juan, ni a Ángel. Te miramos. Ya no me moveré de aquí, vengan o no vengan, traigan o no traigan los papeles. Quiero permanecer mucho tiempo a tu lado. ¿Por qué me fui a la cama esta noche? ¿Tan cansada estaba? Te he dejado solo. ¿Cómo habrán pasado esta noche los de casa? A veces le decía a tu padre que si se acordaba de su llegada a nuestra ciudad. Pocas veces hablábamos de esto. Los tiempos habían cambiado, gracias a Dios, para nosotros. Era mejor olvidar todo lo pasado. Esta noche, sin embargo, los dos hubiéramos hablado de aquellos tiempos, de toda nuestra vida. Tú, ahí muerto, nos hubieras empujado a esa conversación. Yo he recordado, y él también habrá recordado. Y Ángeles habrá ido asimismo recordando los momentos buenos, allá en nuestra ciudad, y malos, aquí en Alemania, que vivió junto a ti. ¿Qué imágenes habrán desfilado a través de sus recuerdos? También es posible que Luisa haya recordado muchas cosas. Seguramente el día que te llamó gamberro, y la primera vez que te sonrió, y cuando la besaste con desespero, en el comienzo de lo que no podría terminar bien.

Ahora no la veo. ¿Vendrá después? ¿Cuándo me traerán los papeles? Ángel me toca en un brazo. Le miro. Ahí está el sacerdote joven, con un impermeable de plástico sobre el abrigo negro. Tiene aspecto de haber dormido poco. Se me acerca. Dice que vio a los chicos de la fábrica, y que esta mañana estará arreglado todo. Te voy a sacar de aquí, al fin, tal vez sin que tenga que moverme ya, es decir, sin necesidad de que yo salga a arreglar alguna cosa.

Llueve. Miro por una de las ventanas. Nos iremos, por las anchas autopistas de este país resucitado, a buscar las carreteras de Francia, y luego, en la frontera española, a encontrarnos con tu padre. No quiero pensar en ese encuentro. ¿Cómo estará él entonces?

—No resisto esto, María, el que Juan se haya ido...

Tenía a los otros, pero tú eras el amigo. Tú habías salido con él por las calles de nuestra ciudad a buscar casa y trabajo. Fuiste siempre, desde que cambió de vida, desde que olvidó aquel tiempo de tabernas y prostitutas, su mejor amigo. A todas partes ibas con él. Y tú, luego, al correr, le contarías todas las cosas. Y hasta «lo de Luisa» le parecería «cosa de hombres». ¡Cuánta comprensión siempre! Que te quería, eso era. Empezó a querer a Ángeles desde aquella primera noche que la conoció, dormida en nuestra cama de la pensión, y se ilusionó con ella, como se ilusionaría después con José Antonio; pero tú eras "su Juan", aquel hijo que marcaba los pasos de nuestra vida juntos. Os ibais al bar, al cine. Te acompañó cuando quisiste comprarte la moto. Por cierto que entonces casi «tarifáis», pues los tiempos no estaban aún «para motos». Tú le dijiste que la pagarías a plazos, con lo de las horas extraordinarias, y al fin accedió. Luego, cuando te la llevaste al cuartel, padre y yo estábamos preocupados, diciéndonos que éramos demasiado condescendientes contigo.

Creía que el sacerdote se iba a marchar, pero está aquí, a mi lado. Reza. Rezará por ti. Yo agacho la cabeza. Ni un Padrenuestro sale de mis labios. ¿Te rezaré algún día? Vuelvo a acariciar tus frías carnes. De pronto digo:

—¡No! ¡No...!

Y Ángel viene, para sujetarme por un brazo.

Repito:

—...¡No! ¡No...!

Hasta que casi se me rompe un sollozo. Creo que voy a llorar, y ya empiezo a presentir ese bien, ese pequeño sosiego que sigue a las lágrimas. Pero es mentira. No lloraré. Esto hay que sufrirlo así, sin lágrimas, con los ojos bien abiertos.

Pasa el tiempo. Al fin vienen los compañeros tuyos. Y un señor, al que no conozco, con ellos. Quizá sea algún jefe de la fábrica, o del sindicato. Me dan una carpeta. Luego uno de los muchachos, seguido de Ángel, sale hacia el vestíbulo del hospital. Y al poco entran. Son varios, todos con impermeables o cazadoras de cuero. Unos son jóvenes, otros no tanto. Se me acercan. Llegan junto a tus pies. No dicen nada. Tienen la cabeza gacha. Uno de ellos me tiende un sobre bastante abultado. Dentro del sobre (lo comprendo en seguida) hay billetes, un buen puñado de marcos.

—¿Por qué esto? —pregunto.

Un hombre, que tiene los ojos húmedos y dolor en las palabras, dice:

—Es... es lo único que... que podemos hacer ya por... por él. Si sirve para... para que llegue antes a España.

Siento como un ahogo ahora. ¿Por qué no lloraré de una vez? Aquí estoy, seca como un árbol sin savia, fría como una piedra cubierta de escarcha. Miro a los muchachos, a este hombre que ha hablado torpemente. Y pienso que a lo mejor algún día hablaron mal de ti, o tú de ellos; quizá en alguna ocasión discutisteis. Ahora están aquí, para decirte adiós, después de haberme entregado el dinero de su colecta. Quieren que te lleven pronto, lo más rápidamente posible a España. Ellos pagan parte de este costoso entierro. Se lo diré a tu padre. Él les escribirá. Y los invitará también luego, cuando vuelvan. ¿Por qué han hecho esto? A tu padre se le humedecerán los ojos, y se quedará mudo, sin palabras en mucho tiempo, apenas se lo diga.

—Gracias, gracias... —les digo.

Y los voy mirando. Apenas si levantan la cabeza un instante. Parece como si ellos se considerasen culpables de todo esto. Yo les diría, incluso a gritos, que levanten la cabeza, que rían, que canten si quieren, que el sacrificio por esta emigración ya se había cumplido con tu muerte. O les pediría, por lo menos, que sonrieran un poco, que no mirasen con ojos velados hacia ese mesa donde yaces. Pero no tengo palabras. Me creerían loca si les hablara de ese modo. Voy alargando mis manos, tan frías, tan temblorosas, que ellos me estrechan y algunos hasta me besan con una emoción que se derrite en gruesas lágrimas de hombres. Y duele ver llorar a los hombres, Juan. Quizá tú también hayas llorado, aquí en esta tierra, pensando en mí, en nuestra casa cogidas tus manos al pecho enfermo. Estos muchachos, estos hombres me dicen algo, palabras que apenas oigo, y van pasando, despacio, lentamente, junto a mí, y te miran unos instantes, con la gorra o la boina en sus manos nerviosas, y luego se acercan a la puerta, y al fin salen, y yo me quedo contigo, y con Ángel, y con los dos compañeros que tanto se han movido para que pudiera sacarte pronto de aquí, y con el sacerdote, y con ese señor que no conozco. Se van tus otros compañeros, a cumplir con su obligación, a esperar que pasen los días, las manos sucias de las máquinas y el corazón puesto en la familia sola y lejana. Hoy tal vez pierdan alguna hora de trabajo. Hoy han hecho, sin embargo, un hermoso trabajo. Me rodean los que se han quedado. Se han ido los hombres que me miraban de una forma que difícilmente podré olvidar, cuando estrechaban y besaban mi mano, cuando deseaban tu descanso en paz, cuando tartamudeaban torpemente unas inútiles palabras de consuelo. ¿Le contaré todo esto a tu padre, Juan? No podré. Entonces quizá ya pueda llorar.

Ahora...

¿Qué dice Ángel? Están ahí los de la caja. Son dos hombres corpulentos. Te destapan. Digo:

—¡No! ¡No...!

Y entonces se detienen, mirándome. Les digo:

—Sí, pueden ponerlo en el ataúd.

El sacerdote me ha cogido paternalmente por un brazo. Ángel sigue a los dos hombres que te llevan hacia la furgoneta que espera en el patio. Andamos. Miro hacia la mesa donde yace el otro cadáver. La mujer me mira. Es vieja. Tompoco llora. Salimos. Hay personal del hospital cerca del coche. Los dos amigos tuyos me dicen algo sobre la carpeta que pusieron en mis manos. El señor desconocido me hace una especie de reverencia. Es serio, muy alto, y a mí casi me molesta verlo con aquel aspecto tan saludable, esforzándose, por corrección, en poner cara compungida. Me estrechan la mano otras personas. Oigo palabras, palabras en un mal español, palabras en alemán, sonándome todas como a algo hueco. Ángel me ayuda a subir al coche. Los otros chicos me miran. No puedo decirles gracias. Es ella quien se las da. Estaba por allí, sin duda, o ha venido corriendo. Me abraza. Su abrazo es sincero. ¿Qué voy a decirle? Ha venido para despedirnos. Lo esperaba. Luego quizá vaya a casa para preguntarnos dónde te hemos enterrado.

—No puedo irme —dice—, por el pequeño. Pero...

Ella sí llora. La miro a los ojos. Son hermosos los ojos de Luisa, Juan. Pienso que te han querido, que te han mirado con amor, también con un deseo loco. Odio un poco esos ojos; siento pena al instante por esa mirada llena de lágrimas. Los dos hombres que te pusieron en el ataúd y te sacaron para colocarte dentro del furgón, se han sentado en la cabina, a mi lado. Uno de ellos dice algo que no entiendo. El otro me habla en español. Que tenemos que partir. Bien, adelante. Luisa me coge las manos. Quiere besarme otra vez. Ya no le es posible. La veo ahí. Corre unos momentos detrás del vehículo. Veo al señor desconocido, a tus dos compañeros que tanto han trabajado, al sacerdote joven, que ni siquiera he aprendido cómo se llama, y al personal del hospital que salió a despedirnos. No veo a Ángel. ¿Dónde se ha marchado, sin decirme nada? ¿Cómo puede haber hecho tal cosa? ¿Y por qué yo no lo he llamado? De pronto miro hacia atrás, por el cristalito de la cabina y lo veo a tu lado, sentado junto al ataúd. Sabía que no podía irse sin decirme nada, sin despedirse de ti. He presentido que estaba cerca de nosotros, y ahí está, mirando las tablas, mirando la cruz plateada. Y ahora, sin poderlo evitar, me estremezco, y digo:

—¡Ángel!

Y él levanta la cabeza, para agacharla de nuevo al instante. Miro otra vez hacia adelante, sin ver los altos edificios ni la lluvia, que pone un celaje gris sobre las calles de esta enorme ciudad, y sin ver luego, tampoco, la amplia carretera, ni los campos cubiertos de césped, ni las extensas factorías, ni las nubes que se rompen en finísimas gotas. Te voy mirando a ti, allí junto a Ángel, y tú entonces ríes porque el amigo te habla de viejas aventuras vividas los dos juntos. Después, con los ojos entornados ya, me parece ver también a vuestro lado, a un hombre enjuto, de cabellos blancos, que os dice vayáis todos a tomar una cerveza, y tú dices que no es mala idea, y sonríes a tu padre, mientras yo veo de nuevo la «autoban», y los campos verdes, y las nubes grises reventadas por sus vientres que casi rozan las chimeneas de las fábricas, al mismo tiempo que pienso que Ángel, ahí en el furgón, haciéndote compañía por lo menos hasta la próxima ciudad, me da como un calor de familia, un calor como del fuego recogido y ordenado de los viejos hogares españoles. Después, sin embargo, vuelvo a alejarme de todo, pensando sólo en tu padre, al que debemos encontrar en la frontera española.

XXI

No se sabe cómo, de pronto, cambian las cosas, tanto cuando es para bien como para mal. Nuestra vida cambió de momento. A mí me parecía imposible. Tu padre era otro hombre, aunque después me he dicho que era el mismo de siempre, que él no podía cambiar, que su época de tabernas y prostíbulos se debía a un viejo cansancio, a una dura crisis, que lo iba exprimiendo hasta ya no poder resistir más. Ahora, en nuestra ciudad, se le veía sosegado. Era como si ya, en lo sucesivo, no pudiera sentir rencor hacia nadie ni por nada.

Yo pensaba. Aún nos quedaban muchas cosas que hacer, pero todo parecía arreglarse. Tendríamos una habitación realquilada, y más adelante, tal vez un piso. Era como si durante mucho tiempo hubiésemos sufrido un duro temporal. Habíamos tenido lluvias, nieves, hielos. No se veían los campos, no se veían los caminos. Éramos algo amenazado siempre por miles de peligros. Ahora cesaba la lluvia. Los campos, encharcados, fríos, cuando al fin sale el sol, parecen sonreír dejando escapar tibios vapores. Yo veía esos vapores, esos campos, llenos de sol, sin charcos, sin nieve ni hielos. Veía asimismo caminos, y árboles, y pedazos de cielo azul. Me llegaba el calor tibio, agradable, de todo aquello que al fin te acaricia suavemente. No importaba el que él aún se disgustara, al ir a Madrid y verse obligado a dejar el aparato de radio y algunos cacharros más al administrador, porque debíamos un semestre de alquiler; no importaba que aún, muchos días, el estómago le doliera, y que se cansara porque no encontraba un empleo. Era igual. Calentaba el sol. Las lluvias frías, los vientos ásperos, las pertinaces nieves habían desaparecido. Yo fui la que encontré habitación, yéndome un día con la señora de las antigüedades. En aquella casa había un matrimonio con dos chicos como de tu edad. El hombre parecía de los regañones y la mujer una de esas que gritan, que chillan por nada, y que ponen el aparato de radio a todo volumen para oír historias sentimentales y música de cantantes gitanas. Pero allí vi yo el sol. Desde entonces empecé a pensar, y pensando me decía que ya no tendríamos temporales y que nuestra barca iría, poco a poco, hacia un mar de aguas sosegadas.

No le había querido decir a Jeroma que fuese ella la que me indicara una casa donde pudiésemos alquilar una habitación con derecho a cocina. Me figuraba que entonces ella iba a decir que eligiera una mayor de su pensión. Fue mejor decírselo cuando ya teníamos aquélla, grande, con un amplio balcón, donde yo me sentía acariciada por el sol del tiempo apacible, bueno.

Podían seguir saliendo mal muchas cosas, pero yo hasta sonreía, ya en nuestra habitación, o cuando aún iba al hospital, con la pequeña, para planchar, repasar ropa, segura de que aquello no duraría siempre, sino presintiendo que él encontraría pronto algo bueno y seguro, donde le pagaran un jornal con el que vivir todos.

No sé por qué ocurren las cosas así, bruscamente. Tal vez no había sucedido nada extraordinario. Porque, si nos deteníamos a pensar, estábamos casi como siempre. Pero yo pensaba, pensaba y veía y os veía a vosotros como en otras ocasiones. Pero en un lugar diferente, es decir, fuera del área donde llegaban los fríos, las lluvias y las nieves. Nuestros cuerpos estaban delicados y sufrían por el hambre, pero eran acariciados ya por un viento tibio, limpio, un viento, una brisa, mejor dicho, capaz de curar todas las heridas. Verdad es que yo no podía hablar con él, ni contigo, de todas estas visiones, y que de haber dicho algo seguro que me hubierais considerado peor que nunca de la cabeza; seguro que hubieseis dicho que yo estaba débil, después de haber dado a luz la niña, y que nunca saldríamos de enfermedades, de tristezas, de dolores. Me callaba, o hablaba para mí, recreándome con los rayos de un sol de primavera, generoso, limpio, bueno, que me curaba de la honda tristeza acumulada durante tantos años.

Y no había ocurrido nada. Es decir, que seguíamos

como estancados, sólo que ahora teníamos una habitación más amplia, y una cocina asimismo más grande, donde yo guisaba, aunque no sola, sino en compañía de aquella mujer que no parecía feliz si no gritaba a los chiquillos o disputaba con el hombre que volvía, ya después de las diez de la noche, con las ropas azules de mecánico. Todo seguía poco más o menos como siempre, sólo que nosotros nos dirigíamos hacia un lugar diferente, como si, de pronto, hubiésemos tomado el camino al otro lado del cual se celebraba una fiesta. Podía ser la fiesta del sol y la brisa con poder de curación; podía ser la fiesta de los que, viviendo poco más o menos como siempre, oyen la risa de hijos nuevos, y esa risa se les convierte en esperanza. Podía ser asimismo la fiesta de las mujeres que, pese a tener muy poco que echarse a la boca, y a la de los hijos, y poco también para ponerse sobre las escurridas carnes, habían encontrado la voz confidencial y amiga del esposo alejado. Era una fiesta, una fiesta desconocida, allá lejos, pero en la dirección que nosotros habíamos tomado.

Así no importaba oír las voces de aquella mujer gorda, tetuda, sucia, que tenía que atender la cocina, a los hijos, y luego coser ropa para una fábrica de confecciones. No importaba ver al marido, la noche del sábado, que gritaba más de lo corriente. No importaba que los chicos disputaran contigo, y yo en vez de defenderte a ti defendiera a los otros, y la mujer, en vez de agradecérmelo, se irritara más. Ella no veía el sol. Ella se mojaba por la lluvia. Ella no oía las risas de Ángeles. A ella no podían importarle las risas de Ángeles. Ella decía que estaba harta de sus hijos, y yo le pedía a tu padre que no tuviera miedo, por su enfermedad, y me hiciera algún otro hijo. A ella le hubiera molestado ver a los dos prostitutas, y a Jeroma, y a la mujer de las antigüedades, metidas en su cuarto, y yo fui feliz cuando estuvieron una tarde a ver a Ángeles y entraron en nuestra habitación. Yo oía el cántico de los pájaros, y entonces ni siquiera las molestias en el estómago, por la falta de alimentación me importaban mucho.

No era nada. Estábamos casi como antes, como siempre. Pero yo había empezado a ver las cosas de diferente manera. Él estaba allí, a mi lado, y era ya un hombre sin amargura, sin rencor. Él no quería irse, ni hablar con nadie de todo aquello que pudiese dar motivo a que yo me quedara nuevamente sola con vosotros. Faltaban muchas cosas, pero casi todo lo que queremos puede ser nuestro cuando se ha recuperado la esperanza. Él me decía que yo parecía tonta, ahora, y que no era para tanto, que al fin y al cabo lo pasábamos bastante mal. Y entonces yo sonreía, diciéndole que mirase a la nena. La miraba, aunque un poco como a la fuerza. Luego te llamaba a ti y os ibais. Yo volvía alguna vez que otra por la pensión, y me gustaba hablar con la mujer de las antigüedades, que estaba un poco delicada últimamente. También hablaba con las chicas que subían de vez en cuando, y eso no hubiera podido yo hacerlo nunca de no pasar antes por donde pasé y verme como me vi y recibir las atenciones que toda aquella gente habían tenido conmigo.

De buena gana le hubiera contado a tu padre el sueño. Pero él estaba serio, él todavía decía palabras entre dientes, no sé si porque le dolía el estómago o porque no encontraba un empleo a su gusto. Pero yo tenía que contárselo a alguien, y pensé que tú serías el que me escucharas. También podía dirigirme a la vecina, que estaba por entonces algo más amable, gracias a que su marido, últimamente, no bebía tanto. Mas no se lo dije a nadie. Tú te ibas con padre, y la vecina decía que escuchase la radio, aunque luego tuviese que oírla a ella, que empezaba a contarme historias de su pueblo, de cuando era moza y la pretendía Francisco, el hoy marido, que era bruto como el primero. Tenía que hablarme a mí misma, reproducir, sin mover la lengua, y con los ojos abiertos, aquel sueño sobre el sol, que había descendido, en pleno mediodía, para venir, rompiendo todas las sombras, a calentar la casa nueva que nosotros habíamos construido. El sol tenía otros astros amigos, que venían a verlo, allí sobre el jardín donde nosotros nos tendíamos, desnudos, para recibir las caricias. Lejos, por los campos sin luz, se veían los montones de nieve, y los pajarracos negros, y los árboles con las ramas desgarradas, secas, sin hojas y sin flores. El sol abría su arca llamada de misterios, y nosotros entrábamos para ver otros jardines, deshabitados, adonde podríamos llegar siempre que supiéramos esperar, sin movernos, sin impacientarnos, quietos en aquel jardín que nosotros mismos, con nuestro esfuerzo, habíamos construido. Los demás astros eran de colores diferentes del sol, y cuando alguna lluvia indisciplinada venía a posarse sobre la tierra reservada para la tibieza, los ricos perfumes y la completa calma, era fuertemente castigada por el gigante que aparecía de pronto por detrás de nuestra casa con techo de oro.

Yo le hubiera preguntado a tu padre qué significaba esto, por qué veía estas cosas, qué misterio encerraba todo, y cómo era posible que las pesadillas se trocaran en sueños de calor y de luz. No le decía nada, y pude haberle dicho ya alguna cosa cuando él llegó contigo, loco de contento, como si también hubiera soñado, como si asimismo, igual que yo, viera el sol del tiempo bueno, la luz que nos hace esperar, la calma que nos sosiega la sangre, los campos que descubren paisajes amplios. Pero él no había soñado, y el sol que le calentaba era el sol del trabajo. Él se ensombreció cuando empezó a contar lo que le había sucedido, y llegó incluso a decir que le parecía mentira, que cómo era posible que hubiese hombres así. Se refería a Moraga, y le dejé que hablara. Moraga no era personaje de un sueño, como el gigante que alargaba sus manos para apartar la lluvia de nuestro jardín de oro. Moraga había estado con tu padre, vestido con un uniforme igual, cuando los disparos de fusil, de cañón y las bombas. No eran de la misma edad, pero fueron buenos amigos. Él decía que la gente es así, y hay que aceptar las cosas tal como suceden, y a los cobardes y vividores tal y como son, y más aún cuando nos pueden socorrer, ayudar, caso del tal Moraga, que no se marchó, como tu padre, a Madrid, desertando, porque no amaba el peligro, ni quería ser un héroe, ni deseaba, tampoco, que ganaran unos, éstos u otros, aquéllos. Quería hacer lo que hizo, y se escondió, y luego salió a la calle, blanco y lustroso, y dijo que viviera el país, y el jefe, y todos los jefes, y todos los ejércitos, y todas las jerarquías, y así pudo él luego, con la ayuda de unos y otros, iniciar negocios con los cuales se estaba enriqueciendo. Tu padre dijo que ya tenía empleo, y luego que le parecía mentira, pero que en todas partes había gente así, como aquel Moraga, que ahora era uno de los socios más importantes de «Asfaltos y Edificaciones, S. A.», empresa que se apoderó de todo aquel barrio donde yo había vivido para levantar nuevas casas, todas de varias plantas.

Yo le dije que eso era igual, y que él no estaba, precisamente, metido en el corazón del Moraga aquel, y que él, el constructor, podía seguir pensando en ver la forma de unirse a otros si es que existía el peligro de que, pronto, mandaran esos otros. A él le había dado trabajo, cobraría por ese trabajo, y nada más. Cada uno su vida, y nosotros al sol de la nuestra, que falta nos hacía calentarnos los arrugados, marchitos pellejos, sobre todo yo, que tal vez nunca pudiera tener ya un poco de lustre con tanto sufrimiento. Ahora, cosa increíble, tenía hasta leche para amamantar a Ángeles, que me estaba chupeteando a toda hora los pezones, hasta que yo no podía más, diciéndole que se retirara, que dejase para luego.

Así, por mis palabras, que las hubiera cambiado de

buena gana por otras, por aquellas que tenía preparadas para contar lo del sueño, él se animó y dijo que era verdad, que llevaría el camión, cobraría los sábados y cada uno a lo suyo. Y no sé si fue por eso por lo que casi dejó que le contara las cosas que a mí se me habían metido entre ceja y ceja, pero lo cierto es que luego me decía que callase, que no empezara con mis disparates, y entonces venía y me tentaba las carnes, diciéndome yo que de nuevo tenía él gana de algo, de algún baile sobre mi cuerpo, pero también es verdad que le daba miedo iniciar esa danza, acordándose de «lo que le pegó» Soledad. Le decía que no tuviese miedo, que bailase, que yo también quería bailar, siquiera una noche, pues me sentía caliente del sol y limpia por aires repletos de aromas balsámicos. Dijo —recuerdo— que tendría que llevarme a un médico, pues le daba hasta miedo oírme hablar de todo aquello, y entonces yo —también lo recuerdo— recliné mi cabeza sobre su cuello y lloré, y no sé cuanto tiempo pasó hasta comprender él que aquellas lágrimas no eran por enfermedad ni por dolor alguno, sino porque nos estábamos acercando a la vida normal de las gentes que son un poco felices. Cuando él comprendió esto, me besó suavemente y dijo:

—María... Llora si quieres, María. Yo estoy aquí...

XXII

PODÍA ESTAR TRANQUILO y acercarse a mí sin miedo, si es que yo, en esta paz de ahora, tenía alguna atracción para él. Y debía atraerle algo, porque, pese a venir cansado, se me acercaba con un cariño que no eran sino ganas de ponerse a cabalgar sobre mi cuerpo.

—Pero ¿qué te pasa, Antonio? ¿Te vuelves crío, o es que te haces viejo?

No me contestaba. No era crío ni tampoco se hacía viejo, o por lo menos no tan de prisa como yo quise dar a entender. Podía comprobarlo en seguida.

—Antonio, hijo...

Era la ilusión, la luz de aquel sol, limpio y nuevo, que también le llegaba a él. Se habían alejado las nubes repletas de tristeza y veíamos un cielo limpio, azul. Verdad es que no podíamos ser del todo felices, por que los chiquillos de nuestra patrona gritaban, y ella gritaba, y Ángeles se nos ponía malucha constantemente, y tú, que ya ibas a la escuela, te peleabas con los chicos de la calle. Pero ¿qué importaba todo eso? Vivíamos ya casi como deben vivir las gentes que trabajan, estábamos todos juntos; eso era el sol, eso me empujaba a tener casi hermosos sueños.

Tu padre trabajaba a gusto con el camión. Por las noches, encerrados ya en nuestra habitación, me hablaba del trabajo, de los negocios de Moraga, de las casas que había proyectado construir por la parte sur de la ciudad, unos bloques de viviendas económicas, en donde, posiblemente ("Mal tendrían que venir las cosas", decía tu padre) tendríamos nosotros una. ¿No era aquello para ilusionarse más? ¿No podían empujarme esas cosas a ver jardines llenos de sol, campos donde nunca caerían inoportunas nieves? Por otra parte, la vida no era ya tan dura para nadie como en aquellos primeros años de la posguerra, de los que siempre me acordaré, Juan, siempre, aunque viviese cien siglos. Ya se veía más alegría en todas las gentes. Todo empezaba a estar libre. Se edificaba. Los cines, aunque algo más caros, se llenaban de un público que parecía mejor alimentado. Nosotros también íbamos. ¡Dios mío, ir yo al cine! Eso me pareció algo extraordinario, algo casi irreal, algo que podría formar parte de aquellos sueños donde veía una casa con techumbre de oro. En Madrid había visto muchas veces las colas frente a las taquillas de los cines de barrio, unas colas compuestas casi siempre por chiquillos que vociferaban, por viejos que daban la mano a sus nietos y por muchachas que se dejaban acariciar ya por el novio. Nosotros nunca habíamos tenido ilusión, ni tiempo, para salir de casa y meternos en uno de esos cines, donde la gente mordía sus bocadillos o comía cacahuetes y pepitas de girasol. Sólo tú fuiste algunas veces con Soledad. Por eso hasta me emocioné y todo el día que salimos tu padre y yo para ir a ver una película, hermosísima por cierto, en tecnicolor, que se titulaba (esto, como otras muchas cosas, nunca lo olvidaré, fíjate) "Escuela de sirenas", y con la que yo me reí, pareciéndome a mí misma una extraña por aquella risa, por aquel contento que me rebullía en la sangre. Creo que ponía cara de boba, mirando a la artista, que nadaba tan bien, que era tan guapa, y casi me daba la sensación de que volvía a tener algún hermoso sueño, allí sentada en la butaca, al lado de tu padre, oyendo aquellas orquestas, la música, pegadiza, alegre, que tocaban aquellos hombres morenos, todos como acercando sus doradas trompetas a mis oídos, tan faltos, siempre, de algo que no fuesen ya los crujidos ásperos, secos, hirientes, de la vida dura. ¡Qué hermoso lo que veíamos, Juan! ¡Qué sensación de que soñaba, de que me había ido lejos, muy lejos, a no sé qué encantado país de otro mundo, con tu padre, tan faltos de paz y alegría los dos! ¿Qué hada maravillosa nos había transportado a aquel mundo de agua limpísima, de hermosas canciones, de gentes que reían y nos hacían reír? Era para seguir creyendo en los sueños. Pero todo eso no era nada, sino simplemente, algo de la vida, algo que disfrutaba mucha gente, otras personas, que también tenían penas, que también sufrían, quedándoles unas horas, sin embargo, en la tarde del sábado y del domingo, para, encerrados en la sala, olvidarse de todo y vivir junto a un mundo casi de ensoñación. Estas cosas, sencillas, al alcance de todo el mundo, nos habían pasado inadvertidas, como si nunca hubieran existido, y ahora, al acercarnos a ellas, era, sencillamente, porque nos habíamos metido ya en la vida normal de todas las gentes que sufren, pero que también ríen.

Ángeles crecía. Ya andaba. El tiempo se iba de prisa, porque la vida parece imponer una mayor velocidad precisamente cuando se empieza a saborear algo de su contenido. Tú ibas al colegio. Habías tomado la primera comunión, en el propio colegio, un día que también fue emocionante para mí. Tu padre me había comprado un vestido, que cosió la patrona, pues la mujer, aunque chillona y de aspecto burdo, tenía buenas manos para la aguja. Me compré unos zapatos. Tu padre también se había comprado un traje, confeccionado ya, que no le sentaba bien, ésta es la verdad, con las mangas de la americana un tanto cortas, por lo que yo estaba disgustada. Él me dijo que eso no tenía importancia, y nos fuimos al colegio, a verte, a estar a tu lado, a emocionarnos. ¡Cuánto tiempo que yo no entraba en una iglesia! Quizá por eso, cuando ya empezabas a andar, entre otros niños, en una fila solemne, hacia el altar, sentí aquel ahogo. Luego me puse de rodillas, con la cabeza muy inclinada, sin verte ya; sólo después, un momento, cuando recibías la comunión, para llorar apretándome la boca y las lágrimas, que tú viste, sin embargo, y que tu padre también vio, por lo que luego, los dos, no sabríais qué haceros conmigo, cuando a mí, la verdad, no me hacía falta nada,

nada, sino mirarte a ti, verte, una y otra vez, con aquel traje de marinero que te habíamos comprado, con aquellos ojos limpios, con luz de alegría, como si nunca más pudiera venir a ellos el dolor y la tristeza. No esperaba, en nuestras épocas amargas, llegar a vivir instantes así. Siempre me habían parecido estos actos algo bonito, algo como un adorno, como una cosa necesaria en la vida de las gentes que no tienen preocupaciones, que no sufren. Padre y yo, con Ángeles a nuestro lado, estábamos viéndote a ti, en un colegio donde te habían admitido gratuitamente, por una recomendación de Moraga, hombre que pisaba con firmeza los caminos de todas las clases sociales. Ahora, nosotros, hasta sentíamos esa misma alegría que yo había visto, sin explicármela, en otras gentes que celebraban actos como aquél. Por eso no me importó el que padre convidara al señor Moraga y a unos compañeros de trabajo, ni que viniese la señora de las antigüedades y Jeroma, ni que luego yo llevara unas bolsas de caramelos a los hijos de nuestra patrona. No pudimos hacer mucho gasto, pero aquel desayuno era, para nosotros, rodeados de unas cuantas personas que te felicitaban a ti, como el más grande, el más extraordinario de los banquetes.

Los tiempos habían cambiado, gracias a Dios. Unos años más tarde quizá tuviéramos nuestra propia casa. ¿Por qué no había pensado antes que nosotros aún podíamos ser un poco felices? ¿Había estado realmente desesperada? Todo esto de ahora era como un regalo. Ver a tu padre llegar del trabajo, recibir su beso, escucharle las cosas que me contaba sobre la faena, era algo que yo, la verdad, no pensaba vivir ya. Por eso, pese a ser mujer de poca fe, nada religiosa, algunas noches, al irme a la cama, daba gracias a ese Dios que tú recibiste en un día limpio, de tibia brisa, en una primavera que parecía para nosotros algo así como un tiempo escapado de lo real.

Con este cambio se podía tener esperanza, pensando en una casa para nosotros solos, y que tú aprenderías un buen oficio, y que tu hermana iría al corte para ser, seguramente, una buena modista. ¿Qué todo esto era soñar? Bueno, pero los sueños no eran sino los de la gente que tienen sencillas, modestas ambiciones; los sueños de esta gente que cuando alcanza algunas de las pequeñas cosas deseadas, se siente satisfecha, conforme, casi feliz.

Tuve que ser yo, que quería y no quería —y no sé bien por qué, quizá porque siempre se desea ser madre y se tiene miedo al mismo tiempo de serlo, por lo que sufres antes y después—; tuve que ser yo, Juan, la que le dijera:

—No pienses en todo lo pasado, Antonio, No tengas manías. Además, ¿no consultaste al médico?

Él me miraba.

—Sí. El médico me dijo que... Nada. Estoy... estoy bien.

—Entonces, ¿para qué esos escrúpulos?

Venció su miedo, el miedo de traer algo sucio a mi cuerpo, al hijo que tal vez engendrara. Lo quise más por eso. Esperaba, además, casi con ansia de muchacha que se ruboriza, que él venciera ese temor, esa aprensión. Recuerdo que era sábado, noche de sábado. Antes habíamos salido a dar una vuelta por el Parque, y yo había visto las hojas recién abiertas, y los regados paseos de grava, pareciéndome muertas para siempre las inútiles nostalgias. Pero también es verdad que, en algunos momentos, había llegado a ver, entornando los ojos, el parque de otros tiempos, el parque con ecos de niños que cantan, que juegan, con acordes de banda de música que interpreta fragmentos de zarzuelas. Era el parque por donde paseara mi padre, adonde iba yo las amarillas tardes del otoño. Eso quería decir que aún me faltaba algo, que todavía no podía ver las cosas en su belleza presente, porque otras horas, lejanas ya, se alzaban, con más contenido, por encima de las que estaba viviendo. Permanecía callada, al lado del hombre al que nunca dejé de querer. Veía los brotes nuevos en las ramas de los árboles, en los rosales, en las enredaderas. Veía los grupos de niños, más alegres que nunca. Os veía a vosotros, a ti, Juan, con un paquetito de almendras saladas en la mano, y a tu hermana chupando un pirulí. Veía al hombre de los globos y al del carrito de las golosinas. Pero de vez en cuando venían a mí los reflejos de amarillos —del amarillo de las hojas y del amarillo del sol poniente —de casi remotas tardes de otoño. Y yo no quería sino ver el parque de aquel momento, de aquella tarde de primavera, y a tu padre a mi lado, y a vosotros correteando por el regado paseo de grava. Por eso me esforzaba, cerrando los ojos; por eso hasta llegué a cogerle la mano a tu padre, como una novia tímida y romántica. No íbamos a arrullarnos. Estaba convencida de que él no iba ya a hablarme de amor. No pertenecíamos a ese tiempo tu padre y yo. Pero la verdad es que este amor, este querer en el que no se mezclan las palabras románticas, suaves, dulzonas, sino que, por el contrario, se habla de cualquier cosa (como hacía él, que decía no sé qué sobre las nuevas plantaciones en el Parque), es un cariño sereno, puro todo él repleto de paz, de una honda serenidad. No hacía falta sino que me apretase un poco la mano, o que os mirara a vosotros, para que yo comprendiera que él me quería, que tu padre, Juan, buscaría en mí nuevos hijos. Lo comprendía cuando regresábamos. Anochecía y las parejas de jóvenes enamorados se besaban junto a los troncos de los árboles. Él tomó a Ángeles, mientras yo te daba la mano a ti. Hablábamos de tu hermana, que estaba muy gorda y hermosa, durmiéndose en los brazos de él en aquellos momentos. Luego, ni siquiera la pudimos hacer viva para darle algo de alimento, mientras tú, cansado también, tomaste una cena ligera para irte, de prisa, a la cama. Él me ayudó luego, casi nervioso, a quitarme el vestido, que era el que estrené el día de tu primera comunión. Después me habló, sin poderlo evitar, de su miedo, de la vieja enfermedad, y le vi como con un dolor nuevo, como si naciera de él un constante y más hondo arrepentimiento.

—No seas crío, Antonio —lo desafié.

Y es que ya llevábamos tiempo con aquel tira y afloja. Es verdad que yo no he sido nunca una mujer que busca el macho, o de lo contrario se cree morir. Pero por entonces me sentía como con algo alegre rebulléndome allá en el fondo del alma. Era como si los sueños donde veía campos soleados y nuestra casa con techumbre de oro me hubiesen calentado, hasta casi hacerlas arder, estas carnes mías, en otro tiempo tristemente resignadas a envejecer sin más goce. Por eso maté en él los inútiles escrúpulos. Y él, perdido al fin el miedo, empujó la barca, haciéndonos a la mar, guiados por el timón de nuestro amor viejo. Teníamos que encontrar un tiempo de bonanza, una mar sin apenas oleaje. Verdad es que yo había dado por perdidas muchas cosas, pero he aquí que de pronto me voy de viaje, me largo, con ímpetu de juventud, a recorrer unos mares que se mecen suavemente, y que me hacen abrir los ojos, y luego cerrarlos, y mover los labios, al tiempo que exclamo palabras que ahoga la brisa, que no es sino la respiración agitada del hombre. He aquí que yo, con tantas cosas olvidadas ya, me voy por los caminos de las músicas y de los soles, y sin que sea una realidad me parece incluso que trompetas de oro se acercan, de pronto, a mis oídos, trayéndome melodías de países donde la carne es morena y caliente. Parece, también, que gentes nacidas para reír se suben a pedestales azules, de un cristal limpio, transparente, donde se mece el agua de otros mares, con el sólo propósito de hacerme reír a mí, aunque bien verdad es que no necesito oír carcajadas de nadie para abrir mi boca y dejar que ella lance su risa por esta nueva felicidad. Y es que... Tengo que decírtelo, Juan. Yo no era yo. Me había ido por nuestro mar de amor para llegar allí donde hadas invisibles transforman mi cuerpo. Y ya estaba transformado. Era joven, una muchacha, y por eso sentí vergüenza, y hasta no quería ver la cara del hombre; pero él me sujetaba, no dejándome salir de aquella barca, donde, por otra parte, me sentía completamente a gusto. Me había hecho tan joven, tan chiquilla, que hasta llegué a pensar que él, después, se sentía culpable, como con pesar por si me había dejado sobre las carnes tiernas y limpias alguna huella de dolor. Después, sin embargo, me avergoncé porque había gritado un poco, como si de verdad él, hecho proa de barca, no pudiera surcar las aguas, o como si, pisando tierra firme, anduviese por las veredas nuevas de una selva nunca explorada; me avergoncé porque ya tenía los ojos abiertos y estaba viendo a Ángeles en su cuna, pareciéndome también que tú ni siquiera te habías dormido, sino que habías estado expectante, a la orilla de aquel mar donde nosotros, un poco fatigados, arribábamos al fin. Pero tú dormías, Ángeles dormía, y nosotros, después de miraros un instante, nos miramos también, besándonos, suavemente, en silencio ya, para en seguida apagar la luz del aplique, dejándonos atrapar por la sombra oscura, pero limpia, de un sueño tranquilo.

XXIII

Los sueños se rompen, mueren. La alegría no suele durar mucho en casa del pobre. Hubiéramos vivido años verdaderamente felices, ¿y qué? ¿Y este momento? ¿Y esta realidad? ¿Es que no pienso en el presente, en este aquí y este ahora? Voy en una furgoneta alemana, al lado de dos hombres extraños, que hablan de vez en cuando, que fuman casi constantemente, y me marcho, con el recuerdo, a los tiempos viejos, malos o buenos, pero en los que tú, Juan, aún eras mi hijo vivo.

Los hombres me han ofrecido tabaco. ¿Fumar yo? ¿Cómo me sentaría un cigarrillo en los labios? ¿Y si lo aceptara, y luego una copa de ginebra, al llegar a un pueblo? ¿Por qué no hago algo disparatado? ¿Cómo es posible que esté serena y no haya perdido la cabeza?

Ángel sigue ahí. Se bajará al llegar a la frontera francesa. Nos detuvimos en un pueblo, a tomar café y a echarle gasolina a la furgoneta, y me lo dijo. Yo no hablé nada. No me bajé del vehículo. No he mirado a los dos hombres alemanes. No he mirado a nadie ni hacia ninguna parte. Voy aquí, sin moverme, desde que subí al vehículo en el patio del hospital. Luisa corrió unos instantes detrás de la furgoneta. ¿Qué hará ahora?

Ángel se queda, no sale del territorio alemán. De todas formas le abrazaré emocionada. Él me da calor, él trae a mis oídos viejas palabras que nadie pronuncia. Quizá por eso recuerdo un tiempo no del todo malo. No, lo recordaría igual sin que él estuviese a un metro de mí. Aquel tiempo existió, como existió anteriormente aquel otro, tan duro, tan amargo, y como existe ahora éste, donde las ilusiones han muerto de pronto, arrancadas de mi corazón, y del de tu padre, por esta muerte tuya. ¿Podré ver la calle donde vivimos con los ojos de antes? ¿Qué sentiré cuando escuche el ruido de una moto pasar por delante de nuestra casa? ¿Cómo latirá mi corazón cuando vea salir de los talleres Cebrián a los chicos que fueron tus compañeros, con el almuerzo en la mano, para sentarse en la acera, si hace buen tiempo, o correr hacia el bar, si hace malo, en donde comerán sus bocadillos, entre conversaciones alegres? ¿Podré permitir que Ángeles vaya al quiosco donde una mujer coge puntos de media y vende tebeos y chicles, mientras se entera de todo lo que ocurre en el barrio; podré dejar que ella, Ángeles, vaya una y otra vez a ese quiosco, para comprarse una revista o novela de príncipes azules, como si nada hubiera ocurrido, como si tu muerte no hubiese significado nada? ¿Consentiré que José Antonio escuche la radio, las retransmisiones de fútbol, y que baje al bar a ver «Bonanza», «Cheyenne» y «Caravana» en la televisión?

¿De dónde sacaré yo fuerzas, Juan, para que por lo menos las cosas que hagan tus hermanos no me parezcan monstruosas? ¿Podré oír las voces alegres de las vecinas, y las risas de muchachos como tú, en la calle? ¡Ha venido esto después de tanto tiempo! Ahora nos aproximamos a la frontera francesa. Diré adiós a Ángel, abrazándolo con fuerza. Luego seguiré escuchando las palabras ásperas, sin sentido para mí, de estos hombres que a veces, no sé si por equivocación, sonríen. Están lejos de ti y lejos también de mí. Van a nuestro lado, nos llevan hacia nuestra tierra española, pero entre ellos y nosotros están todas las montañas de la Selva Negra, todas las cordilleras nevadas de este país y de todos los países.

Y era verdad que poco a poco habíamos ido encontrando una vida mejor. Era verdad que yo reía, feliz, cuando tú, muchas veces un poco bebido, me abrazabas, diciendo:

—¡Hala, madre, baila conmigo!

Y decía yo:

—Calla, calla. ¿Bailar? Como te dé con la zapatilla...

Todo eso me parece mentira ahora. También, algo idiota, absurdo, pues yo debo de haber nacido para dejar que todas las manos gigantes y frías de todos los dolores del mundo y de todas las tristezas se posen sobre este pecho de senos escurridos.

No sabía ya, en aquellos años, cuando nació tu hermano José Antonio, si era que soñábamos o que habíamos encontrado, al fin y de verdad, una vida diferente. Ahora me digo que todo aquello fue un sueño, un sueño que crecía, que nos empujaba hacia terrenos falsos hacia caminos que nunca debimos pisar. Me decía entonces que todo aquello no era sino vivir una vida normal, una vida como la de los antiguos inquilinos del piso, por ejemplo, como la de aquella mujer gorda, palurda, que se llamaba Micaela, y la de aquel hombre, Francisco, el esposo, chófer empleado en una compañía de autobuses interurbanos. Éramos un matrimonio como ellos. Ellos tendrán ahora un hijo de veintiséis años y otro de veinticuatro. Ellos, según lo que yo pensaba entonces, si no han sufrido una de estas terribles desgracias, seguirán viviendo como en el país de los sueños. O quizá no. Tal vez no puedan ser felices, pues entonces también pasaban sus malos ratos, sobre todo por el hombre, que bebía en las noches de sábado, armando alguna que otra revolución en la casa. Pero ellos quizá no hubieran pasado un tiempo tan terriblemente duro como el que nosotros vivimos en Madrid. Por eso, aun viviendo en una relativa paz, no rozaban, como nosotros, lo que a mí me parecía felicidad.

Si todo aquello, Juan, que no era sino vivir normalmente, me parecía ya algo extraordinario, por lo bueno, y si no ambicionaba más, conformándome con todo lo que conseguíamos, poco o mucho, ¿por qué, después, ahora, sufrimos todo esto?

Si aprieto los puños, si grito, si le digo a Ángel que tire de mí y me arrastre por esos campos nevados y me lleve bajo los altos árboles de blancas copas, y que allí me desnude, dejándome bajo el cielo frío, entonces, hijo, creerán que estoy loca, que he perdido la cabeza. Yo deseo ahora gritar a tu amigo, deseo decirle que rompa mis vestidos, que me arranque las piernas, que me deje, descuartizada, en esta autopista por donde pasan, ajenos a nuestro dolor, tantos y tantos automóviles. Así, quedándome ahí sobre la nieve, no tendré ocasión de ver el cuerpo tembloroso de tu padre cuando se acerque a ti, ya en la frontera española, con el sobre donde, después de muchos pasos, traiga el dinero recogido, esas pesetas que necesitaremos para que otro vehículo siga llevando hacia nuestra ciudad este equipaje tan extraño para las gentes, tan querido para mí.

XXIV

QUIZÁ FUERA AQUELLA aparente felicidad o que comparábamos ese tiempo, vivido con cierto sosiego, a aquel otro, de tan triste recuerdo. Pero no vivíamos bien. Tu padre, sin quejarse, me demostraba, por un simple gesto, que su estómago estaba mal. Fuimos al médico y le dijeron que le convenía operarse. No quiso. El tratamiento era pesado y el régimen más, pues no podía darle todo lo que hubiera sido bueno. Comíamos mejor que en nuestros tiempos de Madrid, pero no podía darle todo lo que hubiera sido bueno. Comíamos lo bien que, por lo menos él y vosotros, debierais haber comido. Todo eso me hacía sufrir. Poco a poco nuestra aparente felicidad se iba borrando. Yo tenía que pelear mucho. A la señora Micaela se le agriaba el carácter, no sé si por las cosas de su marido, que cada vez bebía más. Los chiquillos de ellos se peleaban contigo. Yo gastaba mucho gas, y como lo pagábamos entre las dos, mitad por mitad, la mujer empezó a ponerme mala cara cuando me acercaba a la cocina.

Pero a casi todas esas cosas no les daba yo importancia. Ángeles y tú crecíais. Yo salía a la compra, recorriendo los puestos del mercado, encontrándome con viejas caras conocidas, con vendedores que llevaban muchos años en la plaza, y que al verlos me traían, inevitablemente, recuerdos de otros tiempos. Compraba verduras, un poco de carne, huevos, alguna fruta, y volvía a casa de prisa, porque Ángeles se había quedado sola.

Trabajaba, y sentía preocupación por vosotros y tu padre. Esas cosas hacen suspirar mucho a las mujeres, empujándonos a decir, en ocasiones, que la vida es dura, que hacen falta fuerzas y más fuerzas para seguir adelante. Yo llegué a pensar, sin embargo, que toda aquella pelea tenía sus hermosas recompensas. Pensaba que criar a los hijos y cuidar al marido, por mucho trabajo que dé, por muchas cavilaciones que proporcione a una, es algo hermoso, por lo que, en el fondo, me sentía contenta. Sólo cuando él ponía mal gesto, buscando el bicarbonato, se estremecía algo dentro de mí, como si las viejas llagas del dolor fueran a abrirse. Él procuraba no quejarse, eso bien lo sé, y se mostraba como ilusionado, sobre todo los domingos, cuando me ayudaba a arreglaros a vosotros, para salir después, todos a dar un paseo por la ciudad, por el Parque, o también —alguna vez— al cine.

Los mejores ratos para mí eran cuando, por la tarde, entraba en nuestra habitación y me ponía a recoser la ropa. Allí, con Ángeles al lado, vivía en un mundo propio, muy mío. Miraba a tu hermana constantemente, tan hermosa como se criaba. Luego, conforme ella crecía, empecé a pensar incluso que tenía hasta cierto parecido con Soledad. Esto debió de ser una manía, pero se lo dije a tu padre, y él no me contestó, como si le molestara recordar, de pronto, unos tiempos que ya, por fortuna, iban quedando muy atrás. Ángeles crecía gorda, increíblemente robusta. No parecía, en verdad, hija nuestra. Tú te habías hecho alto, pero estabas muy delgado. Te parecías a tu padre y a mí, cosa natural, mientras que tu hermana, por el contrario, sería, a juzgar por cómo se criaba, una muchachota de carnes duras, de cuerpo robusto. Era como si la sangre de Soledad, a quien apretaba aquella noche vuestro padre, con el pensamiento, y en aquel afán loco de poseer, en una hora que ojalá yo pudiera olvidar, se hubiese mezclado con la nuestra. Por otra parte, Ángeles era una cría dicharachera, despierta, graciosísima, que nos volvía locos a todos. La quería tanto que en algunas ocasiones llegué a preguntarme si tú ya no eras ese hijo del que nunca me había separado, ese hijo al lado del cual pasé los momentos más malos de mi vida. Y creo que fue debido a ese amar tan grande que se me había despertado hacia tu hermana por lo que me quedé casi fría cuando supe que de nuevo estaba embarazada. No sabía decir por qué, pero no me alegraba. Luego, cuando empecé a preparar la canastilla, fui, sin embargo, poco a poco ilusionándome. Él también permanecía frío, aunque a veces me mirase con un amor que no sabrían descubrir las palabras. Cosía, con ilusión ya. A lo mejor Micaela me había puesto mala cara por algo insignificante, y yo procuraba hacerle comprender que lo mejor era hablar abiertamente, manifestando nuestros disgustos con palabras, para intentar corregirnos, y no de aquella forma, con el gesto agrio, torcido, dando empujones a las sillas, pues una, al verla de aquella manera, pensaba, ¡qué sé yo!, que a lo mejor la había ofendido muchísimo. Es cierto que sus gritos a los chiquillos, sus voces al hablar con otra vecina desde la galería y el poner la radio a todo volumen, me sacaban de quicio. Pero prefería que pasara todo eso antes de verla malcarada. Entonces me parecía una mujer terrible, y yo, allí cosiendo, en silencio, quería como encogerme, desaparecer casi, pues caía sobre mí como una sensación de estorbo y de culpabilidad.

Tuve que encargarle algunas cosas, pues el tiempo pasaba y aún me faltaba algo, que yo quería tener cosido. Le pagué, y santas pascuas. Me dijo que tuviera suerte, que la hora fuese corta, mirándome como con lástima. Esperé, sin ir al hospital, y todo salió estupendamente. Fue niño, un hermano para vosotros. Vino una comadrona, que me atendió muy bien, y lo tuve allí, en aquella habitación realquilada. Recuerdo que la víspera Francisco tuvo una pelea con su mujer. Los chiquillos estaban dando guerra, como si se hubieran vuelto locos, mientras Micaela, indiferente, escuchaba un concurso de la radio en donde la gente que había en el estudio aplaudía y reía, entusiasmada con las palabras del locutor y los concursantes. Francisco había vuelto con unos vasos de más y en seguida gritó por las voces de los muchachos y también, creo, porque yo me quejaba. La mujer se puso tiesa con él y él golpeó puertas, sillas, después a los hijos, mientras yo temblaba, quejándome ya por los dolores del parto.

Nació vuestro hermano, hermoso también, y hasta media hora antes de llevarlo a cristianar tu padre no dijo si le parecía bien o mal que le pusiéramos José Antonio. Luego preguntó:

—¿Y por qué precisamente José Antonio?

Le dije:

—¿Qué importancia tiene?

Pero él no parecía escucharme. Vi que se había quedado pensativo, y adiviné entonces que recordaba viejos tiempos, cuando él aún no era guardia y un buen número de españoles se movían empujados por la fuerza de un hombre joven que se llamaba precisamente como yo quería ponerle a mi tercer hijo, y que acababa de fundar un partido que luego sería pieza importante en la lucha de las derechas contra las izquierdas o de negros contra rojos. Al comprenderlo, le dije:

—Bueno, si te parece mal...

Pero debió de recordar a su madre, a la abuela Josefa, única de sus progenitores que había conocido, y de la que algunas veces —no muchas— me había hablado, por lo que al fin dijo que le parecía bien.

Yo tenía que pelear más y tu padre buscar fuerzas para no dejarse vencer por el cansancio y la enfermedad. Estuvimos mucho tiempo aún en aquel piso, como realquilados. Yo me había acostumbrado a las voces de Micaela, y también a sus gestos agrios y a los sábados revueltos del marido. A tu padre le venía un poco cuesta arriba todo aquello. Pero estaba poco en casa, por fortuna. Se iba a las siete de la mañana y volvía a las siete de la tarde. Estaba muy delgado, y los cabellos se le habían puesto casi totalmente canos. Yo, cuando me veía sola con Ángeles y José Antonio (tú seguías yendo a la escuela) y pensaba que ya no podía salir a la calle a ganar unas pesetas que nos hacían falta, me entristecía. Hubiera querido, en algunos momentos, no tener a los dos pequeños para poder, como en otros tiempos, ganar algún dinero. Luego, sin embargo, me decía que aquello no hubiera sido sino volver a los días de Madrid. Entonces, las tristezas, el dolor, todas las calamidades de aquellos años me habían hundido, sobre todo cuando sola en casa, miraba la fotografía ampliada de mis padres, sintiendo sobre mí su decepción. Y algo parecido me ocurrió también cuando él trajo de Madrid aquel mismo retrato, con algunas otras cosas, que yo miré en la pensión de Jeroma, para sentir de nuevo aquel peso de la tristeza, aplastándome. Nuestra vida era, vista desde el ventanal de los ojos viejos de los abuelos, que siempre habían soñado cosas hermosas para mí, algo realmente triste. Sin embargo, casi me sentía orgullosa de que me mirasen. Porque... Sí, es verdad que pasábamos malos ratos, pues no teníamos lo que necesitábamos, y a tu padre se le veía un gesto de dolor mal reprimido de vez en cuando, y yo no me había hecho más vestidos, desde que vivíamos en nuestra ciudad, que aquel que estrené cuando tu primera comunión, arreglándome una y otra vez toda la ropa que tenía, con punto aquí y punto allá, y haciéndome una bata con el retal comprado de ocasión; pero todo eso, cuando yo miraba la fotografía de los viejos, no hacía sino que me sintiera incluso orgullosa, no triste ni avergonzada. Estaba criando a tres hijos, atendía al marido, el cual, libre, sin ningún peso de culpabilidad sobre él, trabajaba honradamente. Era, pues, el quehacer de una esposa, de una madre, de una mujer.

Luego, cuando él vino un día diciéndome que ya podíamos trasladarnos a los pisos de Moraga, casi me desmayo, por esa alegría repentina, que se te mete dentro, estrujando el corazón como en otras ocasiones los ha estrujado el dolor. Ya habíamos visto los bloques cuando los estaban construyendo. Algunos domingos habíamos ido, dando un paseo, hasta ese extremo sur de la ciudad donde levantaban las casas, todas iguales, cogiéndome padre del brazo, para luego preguntarme qué pisos me gustaban más, si los que miraban a sureste, o los que miraban al noroeste, si los altos o los bajos. Eran preguntas innecesarias, pues en el ánimo de los dos estaba elegir uno bien soleado y, de ser posible, en seguna planta. Pero él tenía que decirme algo, tenía que cogerme del brazo y mostrarme, con los ojos ilusionados, las fachadas amarillas, con las ventanas pintadas de azul; tenía que mostrarme todo aquello, hablándome de cualquier cosa, lo mismo que un novio coge a la novia y hace que se detenga frente a un escaparte donde venden zapatos o bolsos, y le pregunta qué modelos le gustan más. A mí me parecía —otra vez— que todo aquello era soñar un poco. Tener un piso propio, Juan, fíjate... Todavía no se edificaba mucho, y esos primeros bloques construidos en la ciudad estaban muy solicitados. El problema de la vivienda tan agudo entonces, seguiría existiendo aún muchos años. Yo había llegado a pensar que siempre viviríamos realquilados, en una sola habitación cinco que éramos. Pero lo del piso fue una realidad. Moraga, aunque exprimía a tu padre, lo mismo que a todos sus trabajadores, se estaba portando bastante bien con nosotros.

Micaela, que últimamente me había puesto con más frecuente aquella horrible cara de perro amenazador, quedó sorprendida cuando le dije que nos íbamos. Nos cobraba doscientas pesetas mensuales por la habitación, bastante dinero en aquellos años, y quizá pensara que no encontraría quien se las diese ahora, cuando, poco a poco, las gentes se iban arreglando su casa propia. No me dio ninguna tristeza aquella despedida. La mujer puso cara de circunstancias, diciéndonos luego que tuviéramos suerte, no viéndonos en la necesidad de tener que realquilar habitaciones a nadie, mientras que el marido no dijo ni bueno ni malo, mirándonos, como siempre hiciera, con una total y fría indiferencia.

Cuando ya estuvimos instalados, yo, mirando las habitaciones, el hermoso sol que entraba por las ventanas, asomándome a la calle, viendo los campos y otros solares en los que ya se edificaba, y los talleres que habían instalado por aquella parte nueva de la ciudad, yo, digo, sentí como un inexplicable remordimiento, como si todo aquello no me perteneciera, como si de verdad lo que veía, lo que tocaba, correspondiera a alguno de aquellos sueños donde los rayos del sol ponían oro en los tejados de una casa nuestra. Luego, cuando ya ibais al olegio los tres, y más tarde, cuando tú empezaste a trabajar en un almacén de piensos, trayéndome unos duros a la semana, y Ángeles tomó la primera comunión, y después José Antonio, yo comprendí que había llegado al camino de la vida sencilla y normal que sueñan todas las mujeres. Los años pasaban de prisa. Padre seguía como siempre. Parecía haberse acartonado. Yo me dedicaba, en los ratos libres, a coser ropa interior para unos almacenes. Es verdad que me mataba, pero hacía falta ganar algo, ayudar al sueldo de tu padre. Había conocido a las vecinas que vivían en las casas bajas de enfrente. Ellas cosían para esos almacenes de confección. Fui con ellas y me dieron trabajo. Ángeles crecía robusta. José Antonio delgado, lo mismo que habías crecido tú. Tú vestías ropas que comprábamos confeccionadas, y para estar en el almacén llevabas un guardapolvos. Ya salías con amigos. Aquellos tiempos eran los de empezar con zagaleos, con hombradas. Se te notaba el bigotillo. Solías entregarme todo el dinero que ganabas, pero luego me pedías un duro o dos para ir al cine, para comprarte una revista deportiva, y quizá, también, aunque en secreto, unos cigarrillos en cualquier quiosco o vendedor de la calle.

Vosotros crecíais mientras padre y yo nos íbamos haciendo viejos, cosa natural, aunque esta vejez no era tanto por los años como por los muchos sufrimientos pasados. Ahora, que ya teníamos aparato de radio nuevamente, padre se quedaba los domingos por la tarde en casa. Yo cosía, y él, con una taza de café (bueno, más malta que café) sobre la mesa, escuchaba las retransmisiones deportivas. Había llegado la moda de las quinielas y a él le gustaba jugar algún boleto que otro. Me solía decir que participase en el juego, preguntándole yo casi siempre qué sabía de eso. Entonces me enseñó a poner el uno, la equis y el dos, y yo, Juan, sentí ilusión por aquello. Comprendí que era una forma como otra de soñar. Por eso, aquellas tardes de domingo... Mira, tú te marchabas, Ángeles se iba a casa de alguna vecina, y José Antonio jugaba ajeno a nuestras cosas, mientras, yo con la costura, él con su taza de café, escuchábamos los resultados de los partidos del domingo, siempre con una ilusión que se hacía, a las pocas horas, desilusión. Teníamos el boleto sobre la mesa, tomando él apuntes con un lápiz.

—A ver... Como empaten éstos...

No acertábamos nunca, desilusionándonos. Pero el domingo siguiente otra vez a jugar un boleto, ilusionándonos de nuevo, soñando. Yo compraría muebles. Sobre todo —le decía a tu padre—, compraríamos una salita de estar con dos butacas, una mesa de centro, una buena alfombra y una lámpara de pantalla. Y me parecía que ya estaba yo sentada en una butaca y tu padre en la otra. La taza, o las tazas del café, pues también yo tomaría, y una botella de coñac, y las copas, puestas sobre la mesita. Allí, también alguna revista de modas, de cine, de información general, y nosotros escuchando la radio, o entretenidos en hablar de cualquier cosa. No ambicionaba mucho, pero sí tenía ese sueño. Al principio, es decir, un poco antes, había soñado con arreglar primero la cocina y luego comprar una máquina de coser. Pero la cocina la íbamos arreglando poco a poco, y la máquina de coser la trajo un día tu padre, vísperas de una Navidad que fue realmente hermosa para nosotros.

Recuerdo que esa Navidad estuvimos juntos los cinco, y luego vinieron a casa los señores Moraga, el mismo día veinticinco, y después, otro de los días festivos, recibimos la visita de dos compañeros de tu padre, con sus mujeres y críos. Yo había hecho dulces en el horno, y pude obsequiarlos, cosa que me hizo muy feliz. A tu padre, aunque entonces apenas si tomaba alguna copa de tarde en tarde, le gustaba tener bebidas en casa. Por eso... No sé cómo, después de vivir tantas y tan malas cosas, se puede llegar a ser feliz. La máquina era hermosa, con un mueble muy moderno. La pagaríamos a plazos, dijo él, y pensé que podría amortizar la deuda yo misma, cosiendo todo cuanto me fuese posible. Me gustaba enseñarle a los amigos de tu padre y a sus mujeres nuestra casa y todo lo que poco a poco íbamos comprando. Teníamos la cocina muy bien, con todos los cacharros que hacen falta, con armarios de madera —que padre hizo, en sus ratos libres—, y con cortinas de cretona que yo había puesto en el escurreplatos, en los huecos del banco. Allí solíamos comer, y así el resto de la casa estaba siempre limpia;

sólo la salita, donde yo cosía, estaba en desorden, hasta el sábado, que la arreglaba para que el domingo pudiéramos sentarnos tu padre y yo tranquilamente, si bien yo tomaba la costura, pues era difícil pudiese estar sin hacer absolutamente nada.

Era un camino casi extraño aquél por donde andábamos, sobre todo por tu padre, que me parecía imposible hubiese olvidado todas las cosas, o muchas de las cosas de antes. Leía muy poco la prensa, y a la radio le prestaba asimismo muy poca atención. Sólo las informaciones deportivas, como si ya no existiera la política, como si nunca hubiese estado metido él en líos, líos que, dicho sea de paso, lo habían apartado de nosotros. ¿Podía alegrarme por esto? ¿Era verdad que él sólo quería vivir en paz? ¿No guardaba rencor a nadie? Todas estas consideraciones me las hacía yo por entonces, cuando él me parecía casi un desconocido, tan amigo de los hombres indiferentes, y aun de los que habían sabido estar en todas partes y a bien con todos, para luego vivir mejor, caso de nuestro protector, señor Moraga. Tuve la sensación de que a él no le importaba nada, absolutamente nada que no fuera nuestra propia casa, su salud y la nuestra, nuestra paz y la de él.

Y aquellas Navidades confirmó todo eso que yo sospechaba. Bebió un poco, junto a sus compañeros, para proponer un brindis, en el que él mismo dijo que había de seguir adelante con la máxima indiferencia, puesto que nada valía la pena sino mirar por la propia familia. Luego, sin embargo, entonó una vieja canción revolucionaria, tapándole los amigos la boca al instante, por lo que después, él, respirando hondo, murmuró:

—Tenéis razón. Es mejor no cantar eso. Si acaso —añadió—, esto.

Y entonó una estrofa del "Cara al Sol", por lo que los amigos más precipitadamente ahora, volvieron a taparle la boca, al tiempo que le decían que ni una canción ni la otra, pues entonces no cumplía con lo que había dicho anteriormente. Dijo él, sonriéndose, un poco alegre:

—Estáis en lo cierto. —Y añadió, gritando—: ¡Vivan mis hijos! ¡Y vivan vuestros hijos!

—¡Vivan! —dijimos todos.

Y luego él:

—¡Y viva mi mujer!

—¡Viva! —dijeron todos, menos yo, que casi lloraba.

Y terminó:

—¡Y vivan vuestras mujeres!

—¡Vivan! —gritamos.

Y luego pusimos la radio, y bailamos, gritando aún vivas, como si de momento nos invadiera tal alegría que no pudiéramos sino alzar nuestras voces por cualquier cosa. Entonces yo, que bailaba con él, rompí todo aquello, aquel instante de alegría, aunque verdad es que ni ahora mismo sé cómo se me escapó el sollozo, pues lloraba, lloraba mucho, pero con la boca pegada al pecho de él, mordiendo casi sus ropas, para que no me oyeran, para que no descubriesen aquella repentina alegría que me había inflamado el corazón hasta hacer que me subiera a la boca y se me reventara, hecho agua, en los ojos. Todos dejaron de bailar, al oír mi sollozo, preguntándome qué me pasaba. Pero él les dijo que no era nada, que era, sí, por aquella alegría, porque al fin vivíamos unos días de Navidad como las gentes. Y me miró, besándome en la frente, mientras los amigos también besaban a sus esposas y luego llamaban a sus hijos, y a vosotros, para daros turrón, y un poco de anís con agua, porque todos debíais participar en aquella emoción mía que, después de arrancarme lágrimas, dejó como una paz limpia, serena, en mi alma.

XXV

LUEGO YA...

Pero nos hemos detenido. Ahora veo a los hombres que están sentados junto a mí. Vuelvo la cabeza. Ángel te mira, mira el ataúd. Estamos en la frontera francesa. Los hombres bajan. En aquel tiempo... No puedo pensar. Me piden los papeles. Ángel ha bajado y me mira. Tengo que bajar yo también. Le pido me lleve a un bar donde haya lavabos. Debo de tener un aspecto horrible. Las gentes me miran. No deseo alejarme de la furgoneta. Ando, y al instante me detengo. Los hombres enseñan los papeles a la pareja de gendarmes. Vienen a mirar en el interior de la furgoneta. Ángel me ha dejado a la puerta de los lavabos. Tengo temblor en las piernas. No sé si podré pensar nada cuerdamente. Ahora estamos en la frontera de Alemania con Francia. Seguiremos... ¿Dónde está Ángel? Ha salido del bar. Soy una mujer deshecha. Cuando tu padre se acerque a mí, cuando sus manos se posen sobre mi cuerpo, toda yo me desharé como si fuera de ceniza, como si no fuese más que un cadáver a punto de convertirse en polvo. No sé si podré abrazarlo. Me faltarán las fuerzas. Ángel está ahí. Ahora se me acerca. Ya todo listo, dice, y podemos seguir. Los dos hombres entran en el bar. Yo miro hacia el furgón. Ángel está a mi lado. De pronto siento su mano caliente, que sujeta mi brazo. Me estremezco. Es un hijo, otro hijo mío. Eres tú, Juan, quien vives. Le abrazo. Los guardias nos miran. Las gentes que se acercan en sus automóviles también nos miran. No sé siquiera cómo se llama esta ciudad, este puesto fronterizo. Ángel está triste, con los ojos empañados por unas lágrimas rebeldes. Duele ver lágrimas en los ojos de los hombres. Yo no lloro. Tal vez ya no tenga ni sangre en el corazón. En aquellos días felices... Pero ¿puedo pensar ahora en días felices?

Regresan los hombres. Nos miran. Sus palabras parecen más suaves ahora. ¿Qué sentirán en su pecho? ¿Tendrán mujer e hijos? ¿Cómo es esta gente? ¿Les dolerá la muerte de sus familiares como nos duele a nosotros, los españoles?

—Ángel... —murmuro.

Él tomará un autobús aquí, o el tren, o tal vez haga auto-stop, para regresar a Stuttgart. Le escribirá luego a su madre. Ahora parece como si quisiera hablarme de ella. ¿Por qué presiento esto? Claro, me voy, la veré... Por eso. La cabeza me duele. Me mareo un poco. Intento, sin embargo, esbozar una sonrisa. Le palmeo la espalda.

—Ángel...

Está fría su cazadora de cuero. Me mira, te mira.

—Adiós... —dice, la voz muy baja.

Se retira.

—¡Espera! —le digo.

Vuelve.

—No. Márchate a tu destino, Ángel.

Echa a andar de nuevo. Vuelvo a llamarle. Los hombres esperan, en silencio, mirándonos. La gente que pasa, también nos mira. Nadie se detiene, sin embargo. Nadie parece sentir sino una mínima curiosidad por nosotros. Me acerco a Ángel. Ahora no sentiré ese calor de familia, cerca de mí. Lo abrazo una vez más. Su cuerpo, joven, vivo, me da unos instantes ese calor que temo perder. Le empujo suavemente. Se aleja con la cabeza gacha. Voy a llamarlo otra vez, pero ya no puedo. Es ahora, cuando ya se va a perder más allá de unos edificios con amplias cristaleras, cuando noto que me salen las lágrimas. El hombre que conducía me toma del brazo, invitándome a subir al vehículo. No me muevo, después me resisto. Luego miro al furgón, apartándome de la cabina. El hombre ha comprendido; por eso, silenciosamente, abre la puerta y me siento donde Ángel vino sentado. El hombre me mira como diciéndome si necesito algo más. Quiero sonreírle, pero no puedo. Es correcto y amable. El otro debe de estar ya al volante. Hago un ademán y al fin cierra la puerta del furgón. Me quedo sola contigo. El vehículo arranca bruscamente, y yo casi salto del asiento. He puesto una mano sobre la cruz plateada del ataúd, y no creo que la quite ya de ahí. La sangre corre de prisa por mis venas. Aquellos otros días... No, no puedo pensar. Quisiera verte. De haber hecho calor, serías ya un cuerpo descompuesto. ¿Tendré fuerzas para abrir la caja y comerte a besos? Rodamos por carreteras francesas. Los hombres hablan en la cabina. Me llega el ruido, acompasado y rítmico, del motor. Toco los cierres. Posiblemente levantaré la tapa. ¿Y la mariposa? La taza del aceite se quedó en el hospital. No me acordé, en la apresurada y triste despedida, de tomarla, y de tomar también una botella con aceite y las mariposas. Tengo una caja de cerillas. Enciendo una. Me quemo la yema de los dedos. Intento rezar una oración, pero no despego los labios. Enciendo otra cerilla, que se me apaga al instante. Mis manos dejan la cajita y se apoyan en la tapa del ataúd. El furgón tiene una pequeña ventana, con un cristal velado. No veo los campos ni los pueblos. Solamente veo esta caja, donde tú duermes, donde tú ya no puedes reír, ni gritar, ni decirme que llore, tanto como lo necesito. En otro tiempo... Creo que puedo pensar. No. Me mareo. No quisiera vomitar aquí. Corre poco aire. ¿Me asfixiaré? ¿Y si muriese aquí, a tu lado? Puedo recordar... No. Ángel estará en la carretera, esperando que un automóvil lo lleve a esa otra ciudad grande y fría. O quizá se haya metido en un bar, para beber cerveza o ginebra hasta sentir ganas de cantar. Me gustaría mover el cristal. Ah, el hombre que ha cerrado la puerta mira hacia atrás y en seguida abre la ventanilla de la cabina, y así, ahora, empieza a entrar aquí el aire húmedo de estos campos extraños. El cura joven rezará hoy por ti, al celebrar la misa. Luisa... ¿Cuándo irá por casa?

Quiso darme otro abrazo. Ahora me queda lo de tu padre. No sé... Quisiera pensar en otra cosa. En aquel tiempo. Voy a esforzarme a ver... Es difícil volver a otro tiempo, recordar otro mundo en el que la vida era casi buena, estando tan metida en éste de ahora, todo él cubierto por la sombra gigante de tu muerte.

XXVI

¿Y POR QUÉ VOLVER siempre a un tiempo que ya no podremos recuperar? Cuando vivíamos en Madrid, y yo agobiada por el dolor y la tristeza, pensaba en la casa de mis padres, quería, por todos los medios, ver y tocar algo de aquel tiempo en el cual tuve tantas ilusiones. Igual me ocurrió cuando llegamos a nuestra ciudad aquella mañana de otoño. Ahora... Pero estoy tan cerca de ti, te siento, tan frío, tan inútil ya para darme un calor de amor, que me parece absurdo alargar estas manos que tiemblan para asir lo que se nos ha escapado.

Me voy, sin embargo, a otro tiempo, y pongo mis pies sobre el camino ascendente, y vuelvo a sentir el miedo, los escrúpulos que a veces sentía, cuando, empujados por una vida normal, subíamos por aquella senda que parecía llevarnos hacia la meta donde, con letras de grandes caracteres, se podría leer la palabra FELICIDAD.

Siempre que he subido un camino o una calle empinada, me ha dado un poco de miedo. ¿Por qué temía?

La subida, después del esfuerzo, siempre produce felicidad, satisfacción. Ése es el gran premio de los montañeros, de los escaladores, de los arriesgados alpinistas. Yo sentía también esa satisfacción, esa pequeña felicidad, luego de haber subido una calle en cuesta o un camino empinado. Pero, inconscientemente, empujada quizá por la fuerza oculta de algún enemigo de esa satisfacción y de esa paz, tan anheladas, temía algo, temía el poder caer, el descender luego precipitadamente.

Tenía miedo, por tanto, cuando, poco a poco, íbamos situándonos en un medio de vida honesto, digno. Por eso las crisis de tu padre me alarmaban más que nunca; por el mismo motivo, cualquier enfermedad vuestra hacía que mi corazón latiera aceleradamente. Habíamos ganado, con muchísimos esfuerzos, una relativa tranquilidad, un mediano bienestar. Estábamos en lo alto de una no muy pronunciada, pero sí dura cuesta, y temíamos descender de nuevo, bruscamente.

Me olvidaba de esas cosas, sin embargo, porque la vida misma empujaba a que las olvidase. Me sentía satisfecha, lo mismo que el atleta que después de un gran esfuerzo consigue llegar a la meta, mejorando marcas anteriores. Vosotros erais las medallas que el destino ponía en mi pecho, como premios o recompensas por tanto esfuerzo, por tanta lucha. También lo era aquella casa para nosotros solos, que yo tenía tan limpia y cada vez un poco más amueblada. Lo era asimismo ver a tu padre los domingos por la tarde sentado frente a mí, hablando solamente de algún deporte, de fútbol generalmente, como si nada más que esas cosas, que sirven para adormecer las mentes, pudieran interesarle ya. Todo eso era recompensa, era premio para la mujer que se siente fatigada, harta de sobresaltos, de luchas. Y ese premio se enriquecía conforme el tiempo pasaba. Tenía mis pequeñas penas (por esas crisis de tu padre, en las que volvía a enmudecer, a mostrarse taciturno, un tanto malhumorado, o por cualquier enfermedad, aunque no fuese grave, sufrida por vosotros); pero eso no era nada, y el temor a derrumbarnos quizá fuera porque difícilmente podía olvidar aquella gran sombra, tan negra, tan triste y fría, que estuvo sobre nuestras cabezas durante muchísimo tiempo.

Tuve la satisfacción de verte hecho un hombre, Juan. Habías cambiado mucho. Tu cuerpo arreciaba. Por las mañanas, antes de entrar al trabajo, ibas una hora al gimnasio. A tu padre le gustaba. A mí no tanto, pues pensaba que podrías lastimarte. Luego me dije, como él, que era conveniente, que te harías más fuerte, más hombre, y me sentí satisfecha. Había pasado ese tiempo en el que tú ensuciabas, consciente o inconscientemente, las sábanas de la cama, con las primeras huellas de tu mocedad. Tuve miedo de que adelgazaras. Te fijabas en las chicas. Luego, tu cabeza pensaba, y tu corazón se alteraría por apenas nada, quizá con el recuerdo del roce con una mujer en la calle, en la escalera, en un cine. Después te irías haciendo consciente, pareciéndome que nunca ya podría avergonzarme por tus cosas. Dejaste el almacén de coloniales y piensos para entrar en los talleres Cebrián, pues la mecánica te gustaba más. Te enseñaste a conducir, y así podías salir a probar automóviles recién reparados. Ya eras un hombre. Tu hermana sería, por entonces, la que más preocupaciones me diera, pues iba a entrar en la pubertad y tenía que estar sobre ella, haciéndole comprender, con el máximo tacto, muchas cosas que, de pronto, le parecerían extrañas, incluso horrorosas.

Hermoso tiempo ése, pese a todos los sobresaltos, pese a esos repentinos presagios de futuros dolores, que inesperadamente llegaban a mí.

Seguíamos jugando a las quinielas. ¡Cuántas ilusiones de seis días! Pero el que la sigue, la consigue, dice un refrán, y un domingo, Juan, cuando escuchábamos las noticias finales de los partidos, tu padre me enseñó el boleto, en el que, hasta esos momentos, llevaba acertados doce partidos. Si nos hubieras visto... Yo empecé a gritar, abrazándolo, preguntándole ya cuánto cobraríamos. Recuerdo que entonces entró Ángeles con dos de sus amigas, y José Antonio salió de la galería casi asustado.

—¡Hemos acertado una quiniela! —gritaba yo, casi con lágrimas en los ojos.

Él quería calmarme. Lo consiguió al fin, y entonces me dijo que aún nos faltaban dos aciertos, o por lo menos uno, para cobrar premio, ya que sólo lo obtenían los boletos de catorce y de trece resultados. Mira, caí en la silla sin fuerzas para nada, diciéndome que no debía alegrarme tanto, no ser tan ilusa por aquellas cosas del juego. Y entonces fue cuando viví uno de esos instantes en los que me parecía que íbamos a caer rodando desde la modesta altura donde nos encontrábamos. La radio seguía retransmitiendo noticias desde los distintos campos de fútbol y tu padre dijo:

—Ánimo, ánimo, que aún podemos dar en la diana.

Sonreía y todo el hombre, tan tranquilo, pero al instante terminó uno de aquellos encuentros que faltaban, y él dijo:

—Nada, aquí hemos fallado.

No tuve ya ninguna esperanza. Seguí sentada, casi sin querer mirar hacia el receptor, tomándole, de pronto, incluso un poco de odio a aquel locutor de voz vibrante que daba noticias constantemente. Me parecía que alguien, un enemigo nuestro, una mano negra que arrastra todas las felicidades, nos robaba ahora esa satisfacción, esa alegría que bien hubiera podido proporcionarnos la consecución de un viejo sueño, pueril casi, acrecentado cada domingo, sin que lo pretendiésemos, más allá de nuestros corazones, tan sedientos de una felicidad sin resquebrajaduras.

—Mira. Escucha —dijo él.

No quería escuchar ya. Las chiquillas se habían marchado riendo, después de tomar Ángeles su abrigo. Ni siquiera le advertí, como siempre hacía, que no viniese tarde. José Antonio me dijo no sé qué, que yo estaba chalada, o algo así. Tu padre me cogió del brazo, luego, bruscamente, y yo, al notar la presión de sus dedos largos y delgados, creí que le daba algún ataque, bien por los dolores de su estámago o porque a lo mejor estaba recordando, ¡ve y adivina!, algunas viejas amarguras, ahora aparentemente muertas.

—¡Mira, María! —dijo.

Le miré. Me mostraba el boleto.

—¡Han empatado! —gritó.

Me abrazó.

—Pero ¿qué...?

Comprendí. Habíamos puesto una equis en el casillero correspondiente a los equipos que en aquellos momentos terminaban su partido, empatando precisamente en el último instante.

—¡Tenemos trece resultados! —dijo.

¡Dios mío, mi alegría saltó de nuevo, haciendo que el corazón casi se me escapara del pecho! En seguida volví a preguntarle que cuánto cobraríamos. Y él dijo:

—Hasta el martes no lo sabremos.

Yo hubiera querido estrujar con mis manos, temblorosas por esa repentina alegría, aquella noche del domingo, y todo el lunes, y todo el martes, para encontrarnos, de pronto, en la noche de este último día, cuando, por medio del diario hablado de Radio Nacional, se daba el resultado del escrutinio. Salió José Antonio y empecé a darle besos, y a decirle que éramos ricos, muy ricos. Entonces tu padre dijo, con mucha flema —lo recuerdo bien—, que alto, que no me alterase, que a lo mejor todo lo más que cobraríamos serían unas quinientas pesetas. Le miré helada.

—¿Quinientas pesetas dices?

—O menos —dijo.

¿Quieres creer, Juan, que en esos momentos odié

a tu padre? Ni cuando los tiempos de Soledad le tuve tanta rabia. Él rompía mi sueño, mi sueño que era asimismo el suyo, hecho realidad porque un balón había entrado al fin, en el último instante del partido, en la portería de un equipo que iba ganando por uno a cero a su adversario. Y ese sueño lo reventaba tu padre al decirme tranquilamente que a lo mejor cobraríamos, si acaso, quinientas pesetas, «o menos». ¿Es que no sabía él lo que significaba un sueño, tener ilusión, ver en tus manos, pegada a tu corazón, esa ilusión, tantas veces yéndose, alejándose, huyendo de nosotros? A mí me parecía el mayor delito que pueden cometer los hombres, ése de romper los sueños, de partir por la mitad las ilusiones, cuando ya éstas se hacen realidad, en forma de mil cosas que tú has anhelado tener, que tú, a lo largo del tiempo, has querido ver junto a ti o en ti. Ya, antes, cuando me dijo que teníamos doce resultados, yo me había visto en la salita de estar, en todo el piso, bien amueblado, y me había visto, todo fugazmente, salir de casa, bien vestida, para ir a visitar a las gentes, a los matrimonios que a veces habían venido a casa, a Jeroma, la de la pensión, y a la señora de las antigüedades, y a una Micaela, la del mal gesto, porque ahora, gracias a aquel dinero, podría tener mejores ropas, y más arreglado el piso, y cosas para invitar, bebidas y pastas, a los que, después, me devolvieran la visita. Me parecía que todas estas cosas deseadas, no importantes pero sí lo suficiente como para proporcionarme una pequeña y nunca vivida felicidad, estaban allí, al alcance de mis enjutas manos. Ahora, al ser verdad lo de los trece resultados, otra vez volvía a ver, entornando los ojos, la salita bien amueblada, y ropas buenas para todos, y yo con un poco más de lustre, pues si he de ser sincera, también lo necesitaba.

La quiniela, sin embargo, era de las llamadas fáciles, y tu padre dijo, con mucha razón, que cobraríamos poco. Vi que yo me había entristecido y entonces quiso arreglarlo.

—Bueno —murmuró—, quién sabe... Este Barcelona-Español... Lo más lógico es que hubiera ganado el Barcelona, pero han empatado. Los demás resultados son, desde luego, bastante normales. No sé si...

—¿Crees entonces que cobraremos mucho? —le pregunté.

Sonreía.

—Puede. En esto ...

Fue suficiente. Me quiso ilusionar de nuevo. Y lo consiguió. En aquellos momentos no había nadie como tu padre, pues nadie es mejor ni vale más que aquel que sabe o puede infundir ilusión en los otros. Debería haber premios especiales, aquí en la tierra y allá en el cielo, para los que empujan a la ensoñación, a tener ilusiones, a vivir con esperanza. Besé a tu padre. Entonces llegabas tú, Juan, con tu comando verde, atornasolado, que te quitaste con garbo, dejándolo descuidadamente sobre el respaldo de una silla. Nos miraste sorprendido, casi atónito.

—Pero ¿qué os pasa, vamos a ver?

Me caían las lágrimas. No podía decirte nada. Te abracé.

—Poca cosa —dijo, sereno, tu padre—. Que hemos acertado trece resultados.

—¿Que habéis acertado...?

Tus ojos se iluminaron.

—Pero, madre... Pero ¡qué grandes sois! ¡A ver ese boleto!

Lo miraste. Luego, dando saltos, dijiste:

—¡Ahora sí que tengo moto, ahora sí que tengo moto!

Ya llevabas algún tiempo con la manía de comprártela.

—¡Eh, frena, frena! —dijo tu padre—. Frena, no sea que pilles a algún chiquillo.

Y cogió el boleto, guardándolo cuidadosamente en su cartera.

Después dijó:

—Primero ver cuánto nos dan, y luego, que tu madre decida.

Así era tu padre. Así creo que había sido siempre. Hice bien perdonándole todas las cosas. La felicidad suele venir de esta forma: perdonando, perdonando siempre a todo el mundo, aunque nos hayan partido por la mitad. Ahora, pese a las veces que he crispado los puños, también perdono, también digo que ese Dios del que tan poco sé los perdone, porque si alguien tiene culpa de las desgracias ajenas, menos culpa tendrá si los desgraciados le decimos que nada nos han hecho, aunque al hablar así tengamos que apretar con fuerza nuestras viejas heridas para que no echen sangre allí mismo, delante de aquel a quien nos dirigimos. Yo, ahora...

Mis manos, Juan. Ellas son las que no parecen resignarse a perdonar. ¿Por qué tiemblan ahora? A lo mejor porque les duele el que fueran ellas, más que mi propia voluntad, las que se opusieran, con una acción, a darte algún dinero para que pudieran hacer la primera entrega al comprarte la moto. Fueron ellas las que dijeron no, quitándole a tu padre de las suyas las dos mil pesetas que te daba. ¿Me duele esa acción? Tú sabes que no era por economizar, que ese dinero y las siete mil restantes (cobramos nueve mil pesetas, una cantidad, dicho sea de paso, que me hizo saltar de alegría, pues era casi una fortuna para nosotros) las íbamos a gastar muy pronto. Lo hice porque la moto me daba miedo. Luego, tú, de morros durante una semana conmigo, empeñado en tener esa máquina, la trajiste al fin. Entonces ya no podíamos darte nada, puesto que el dinero se nos había ido —¡y qué pronto!— con las compras que yo hice. Dijiste, serio aún:

—La pagaré yo solo, con lo de las horas extraordinarias.

Y aquella seriedad te duró varios días, hasta que al fin una noche entraste en la salita, para mirar todo lo nuevo con detenimiento, diciendo que te gustaba, que las butacas eran cómodas, que daba gusto balancearse en ellas, que aquella parte de casa ya parecía de señores, y que, por lo tanto, cuando alguna vez subieran los amigos, o Encarna, la chica con quien llevabas saliendo algún tiempo, se quedarían maravillados. Te cogí de un brazo, apretándote cariñosamente. Te habías sentado en una butaca, luego en la otra. Diste con el puño en la mesita, miraste la revista que yo había puesto allí, fijándote después en las paredes, pintadas poco antes, en donde habíamos colgado unos cuadros, muy sencillos, unas litografías con paisajes de nuestra ciudad. Dijiste, dando una mirada a todo:

—Perdona, mamá. Veo que sabes emplear el dinero, que tienes gusto. Nunca pensé que fueras así.

Te sonreí. La vida no me había dado oportunidades para demostrar mis gustos, Juan. Eso fue lo que pensé, pero no te lo dije. Luego viste las ropas que había comprado, para las camas y para mudarnos todos. Y cada vez parecías más satisfecho. Yo te enseñaba cosas, observándote al mismo tiempo. Otra vez, y no recuerdo por qué motivo, volviste a decir el nombre de una mujer, de una chica, de alguien con quien, al parecer, salías. Entonces te pregunté quién era «esa Encarna». Me miraste, sonriendo.

—¡Ah, pícaro! ¿Tan calladito te lo llevabas?

Nos habíamos hecho amigos. Pelillos a la mar. Tú tenías moto y yo había arreglado un poco parte de nuestra casa. Luego hablé con tu padre de tu conformidad, de tu satisfacción por las compras que yo había hecho, para terminar diciéndole que, por lo visto, andabas medio novio. Entonces él dijo:

—Lo que son las cosas... ¿Es posible que Juan ya tenga novia?

Y mirábamos un poco el tiempo pasado, pero sin

sentir dolores, como quien mira el ancho río que ha cruzado nadando y se siente cansado pero satisfecho, allá en la otra orilla.

Pedimos que nos la llevaras un día, un domingo, para que la conociésemos. Las vecinas de enfrente, dos de ellas, Mercedes y Rosita, la conocían, pues la chica había trabajado, como aprendiza, en el taller de costura donde ellas estuvieron empleadas durante algún tiempo. Era, me dijeron, una buena muchacha, muy avispada, vivaracha, lista. Luego, cuando comió con nosotros, y yo vi que ni siquiera al principio estuvo cohibida, le dije a tu padre que tendrías que andar con tiento, que la chavalilla parecía traérselas, pues se le adivinaba genio. Padre te lo dijo luego a solas:

—Has de ir con cuidado, ¿eh?

—¿Con...? ¿Qué quieres decir?

—Ésa es de las de rompe y rasga, que dicen en Madrid.

—La meteré en vereda, padre.

Él sonreía. Era feliz. Yo, cuando por las noches, antes de dormirnos, hablábamos de todas nuestras cosas, me daba cuenta de que también era feliz, y que la vida al fin nos deparaba momentos buenos, aunque a veces, no sé por qué, venía a rozarme la sombra, oscura y fría, de algún presentimiento.

—¿Te duermes, María?

—No, aún no.

—Yo sí.

—Descansa, Antonio.

Él se quedaba dormido, rozando mi cuerpo delgado, que ahora parecía con un poco más de lustre. Yo le miraba, y luego miraba hacia el techo, y entonces pensaba, o movía los labios, ni siquiera sé si recitando una vieja oración, hasta que al fin los ojos se me cerraban, quedándome dormida.

XXVII

AUNQUE, DESDE HACÍA ALGÚN TIEMPO, me rozaba de vez en cuando la sombra negra y fría de un mal presentimiento, fue, sin embargo, faltando poco para que te licenciaran del servicio militar cuando advertí que esa sombra se acercaba con más frecuencia a mí. Tal vez porque llevaba varios meses sin verte. No lo puedo decir con exactitud. Recuerdo que empezó a rondarme con más asiduidad desde la tarde que enterraron a la señora de las antigüedades que había muerto en la pensión, luego de una corta enfermedad. Estuve en el cementerio, y allí recordé a los abuelos. Los acompañantes del entierro, muy pocos, se marcharon en seguida, y yo me quedé sola, mirando por todas partes, sin encontrar la tierra que cubría a mis padres. Habían hecho excavaciones para sacar esqueletos y posiblemente revolvieron también aquel pedazo de tierra donde ellos descansaban. No sé el tiempo que estuve allí, entre los cipreses. Los sepultureros, acostumbrados a ver mujeres tristes, que parecen sonámbulas yendo de tumba en tumba, ni siquiera me hacían caso, hasta que, ya, uno me preguntó si es que me quedaba a pasar la noche entre las lápidas. Entonces salí a la carretera para venirme a casa. Caía una lluvia finísima, y yo, tanto en el autobús, como luego en casa, estuve triste, deprimida, recordando a los abuelos. No dije nada, aunque sentía deseos de comunicar a alguien ese malestar. Por eso te escribía una larga carta. Tú me comprenderías. Yo volví a mirar la ampliación de mis padres, queriéndoles decir que era una mujer casi feliz; pero seguía viendo aquel gesto de desencanto en sus rostros. No pensaba que era la timidez de ellos, un como temor al estar delante de la cámara, lo que los había dejado así para siempre. Creía que era porque me estaban viendo. Era ya una obsesión.

Luego, un día, empecé a pensar en los viejos libros, y hasta en el lienzo pintado por un amigo del abuelo, que durante tantos años adornara su sala-bibioteca. Quise, con las fuerzas de una ilusión inútil, poder «entrar» en aquella sala-biblioteca y verla tal y como estaba entonces, con la mesa camilla, mis padres sentados a su alrededor, las piernas bien abrigadas con las faldas de lana y el brasero dando un calor suave. Quizá pensara eso porque dentro de mí saltaba alguna rebeldía que nació cuando, de pronto, me vi sin libros, sin casa, sin mis padres, y sobre todo sin poder seguir los estudios, que no eran sino el camino de una vieja ilusión. Ahora, que habíamos mejorado de vida, yo quería ser otra mujer. No seguía las novelas que daban por la radio, si acaso hoy un capítulo y dos días después otro. Eso no me gustaba. Sin embargo, cuando los domingos salía con Ángeles y José Antonio al Parque, me acercaba a los puestos de libros viejos, buscando alguno que ya hubiese leído antes. No era por afán de saber, de cultivarme, ya en estos años de mujer gastada; era querer encontrarme con el tiempo muerto, lo mismo que ahora, aquí a tu lado, me basta con poder volver, siquiera en un vago e inútil deseo de conformidad, al tiempo tranquilo al que he hecho referencia antes. Quería que me rozara el arte, el ambiente sereno donde se había movido mi padre. Quería ser un poco él mismo, en aquella sala nuestra. Por eso, después de buscar algunos libros, empecé a buscar el cuadro.

Inútil búsqueda, Juan. Eso era ya rozar la locura. ¿Por qué no me conformaba con lo que teníamos, con vivir una vida que en nada se le parecía a aquélla, tan triste, de Madrid? ¿Por qué el alma de las gentes busca, bucea un día y otro por los escondrijos de la tristeza? ¿Es necesario que esas almas sientan sobre sí el roce gris de lo triste? ¿Me gustaba a mí estar triste? ¿Es que no me alegraban tus cartas, las risas de los otros? ¿Por qué no era una mujer como cualquiera de aquellas vecinas que reían y lloraban al escuchar las novelas de la radio?

Si hubiese dicho algo a tu padre, se habría echado a reír. Él no lo podía comprender. Él no podía comprender el porqué de mis vagabundeos por las calles de la ciudad, por las librerías de viejo, por las entidades culturales, por junto al Instituto y la Normal, por el Parque, por las plazuelas donde huye pronto el sol de las tardes. Tampoco lo hubieran comprendido tus hermanos. Te lo dije a ti, por carta, y no pude ver qué cara ponías. Me dijiste que no buscara nada, que no tuviera manías, que viviese tranquila. Nada más. Aquello me hizo pensar que tampoco tú podías estar cerca de mí en esos momentos. Te contesté diciéndote que te haría caso, pero luego yo tomaba el bolso y me iba a recorrer las calles, a cansarme de andar, a querer encontrar algo que no era sino como el sol que nos alumbró en años lejanos, como las músicas que oímos antaño, como los viejos pájaros que ya murieron.

Dejé de salir. ¿Para qué buscar la locura cuando ya mi cabeza, como el corazón, se había visto rodeada de calma? Me costó renunciar, sin embargo. Mis manos tenían de nuevo ese temblor de cuando desean asir cosas imposibles. Me dejaba arrastrar, un tanto abatida, por los días de un invierno que terminaba.

Mejor quedarse en casa, o salir, pero sin interés por nada. Era absurdo buscar las cosas viejas que manos extrañas se habían llevado de mi antigua casa. Había comprendido al fin que era idiota salir un día y otro por las calles, con mi bolso en la mano. Al hacer esas cosas me convertía en una mujer extraña, llena de manías. Tu padre llegó a decírmelo. Y entonces a mí me pareció que él también era un hombre extraño, que vivía como en otro mundo, diferente al mío. Pero él tenía razón, pues habíamos estado contentos y yo enturbiaba la vida ahora con mis manías obsesivas.

Recuerdo que había comprado libros, y un lienzo con un bodegón, de poca calidad. Había ido al Rastro, los domingos por la mañana, para volver siempre con alguna cosa en las manos. Padre había llegado a preguntarme por qué compraba todos aquellos trastos, y no supe qué decirle. Se enfadó con mi silencio y entonces dijo que ya estaba bien, que a ver si no íbamos a poder ganar un jornal como las gentes, ya que, al tener la boca medio llena, nos dedicábamos a hacer compras de capricho. Recuerdo que le miré unos momentos, pensando que no era mi marido, sino un hombre desconocido que me decía un montón de tonterías. Luego vi que era tu padre, mi esposo, pero que perdía su forma de hombre para convertirse en una especie de pajarraco negro, de grandes alas, que al moverlas estremecía todas aquellas cosas que yo, poco a poco, había adquirido. Era un pájaro de mal agüero que mataba mis ilusiones. Dejé de mirarle, porque era un monstruo. Luego él me tomó del brazo, preguntándome, preocupado, qué me pasaba, por qué lloraba. ¿Lloraba acaso? Tal vez sí. Él decía que me calmara, y yo tenía la cabeza gacha y mi cuerpo se estremecía con temblor de llanto.

Por eso me dije que no salir ya, o salir sin interés por todo aquello que a mí me había atraído. Quieta, o moviéndome, pero indiferente. Era lo mejor, por él, también por mí misma, por todos, pues no sacaría sino entontecerme, sufrir más.

Había querido comprar viejos candiles de hojalata, pequeñas calderas de cobre repujado, libros de hojas carcomidas. Después, cuando me detuve a pensar, comprendí que todo aquello, el querer ir yo en busca de esas y otras cosas, no era sino la visita de la tristeza, el anuncio de un mal peor, de un dolor más hondo. Todo lo que suponía fracaso, en la búsqueda absurda de todas aquellas trivialidades, era, para mí, motivo de tristeza y dolor. ¿Y por qué? ¿No habíamos sufrido por cosas verdaderamente humanas, trascendentales?

Lo comprendí al fin, Juan. Era que habíamos llegado, en nuestro modesto carruaje de pobres, a todo lo alto del camino, y yo, mi subconsciente, mejor dicho, me hacía pensar en un descenso brusco, en una caída repentina, terrible. Era eso, y no otra cosa. Por eso yo, saliera o no saliera, fuese o no a buscar antigüedades, cuadros, libros o candiles raros, no era ya mujer que me detuviese a hablar con las vecinas, las cuales reían, formando corro a la puerta, porque cualquiera de ellas contaba una película o un programa cómico de la televisión. Tú estabas ya licenciado. Vivíamos los días en los que, forzosamente, yo tenía que presentir algo malo, aunque no sabía el qué. Me movía de un lado para otro, pensativa, mientras tu padre empezaba a aburrirse porque, según él, no había razón para que me portara de aquella manera. Era verdad, Juan. Tenía razón, porque comprendo lo absurdo, la locura que era querer tener al abuelo sentado en nuestra sala bien amueblada. Bien, por otra parte, que eso lo deseara yo, pensándolo para mí, en mis silencios; pero otra cosa muy distinta el que llegara a decirlo, en voz alta, a tu padre y a todos vosotros. Fue por lo que él me dijo que teníamos que ir a un médico de los nervios, diciéndole yo que para qué, que a quién iba a ver ese médico de los nervios, que si era a él, bueno, pero a mí ni pensarlo. Dijo él que sí, que era a mí, que estaba trastornada, y que os iba a trastornar a todos con tanta manía, con tanto disparate. Lo estuve mirando mucho rato. Luego me aparté de él, para pensar. Y así, pasados unos días, en los que estuve más tiempo en cama que en pie, me acerqué a él para decirle que sí, que fuésemos a ese médico de los nervios, que yo quería estar bien, que deseaba curarme, y reír, y no ver más la sombra negra que venía sobre mí, todas las noches, poco antes de dormirme. Él dijo entonces que si veía, que si me daba cuenta, que entonces mismo acababa de decir algo que no era sino un disparate, eso de la sombra negra, y siempre con lo mismo, como si ya no hubiéramos pasado bastante, toda la santa vida padeciendo, hechos la pascua, para que ahora, cuando habíamos mejorado un poco... A ver por qué esas caras y esas palabras y ese andar ahora me acuesto, después me levanto... Esto me dijo, y aún más cosas...

Pero no fuimos al médico. ¿Para qué? No hizo falta. Yo fui comprendiendo lo que me pasaba. Mira, estaba en todo lo alto, y en esa altura había, orilla mismo de donde yo ponía los pies, el más hondo de todos los precipicios. Eso, eso, un precipicio. Las puntas de mis pies tiraban una piedra del borde, y la piedra caía, rodando, abajo, abajo, haciendo un ruido extraño, un ruido de matojos muertos, de otras piedras moribundas, que se quejaban. Era una pesadilla, claro; pero ¿por qué no soñaba con el sol que ponía capas de oro sobre los tejados de una casa entre campos verdes, hecha para nosotros? ¡Ah!, tu padre no hubiera podido responder a eso. Ni nadie. Era un misterio. Cosas que a mí sola me pasaban, porque a mí han llegado siempre, con bastante antelación, los avisos sobre el bien y sobre el mal.

Doblaban las campanas anunciando el mal, y eso era todo. Ir de un lado a otro, comprar cacharros, no comprar, decir tonterías, acostarme por una jaqueca... Que iba a pasar algo. Por eso, cuando supimos que andabas con Luisa, y que Encarna ya no quería ni verte, yo me dije que aquello podía terminar en tragedia, y que eso era lo malo que yo presentía. Bueno, pensé, ahora a descansar, porque la cosa no será tan grave. Quería decirme con eso que tú dejarías a aquella mujer y harías las paces con tu novia, y todos en paz. No era eso lo terrible, lo de la sombra fría. ¡Ojalá hubiera sido!

Creí que era, luego, por José Antonio, que me vino una tarde con la cara como un Cristo, toda llena de sangre, pues se había apedreado con otros chicos, y allí lo tenía, llorando y escupiendo sangre hasta por los ojos. Me proporcionó tal susto el condenado, que me puse a gritar como una loca (¿Lo estaba de verdad...?), dando la cochina casualidad de que entonces entraba tu padre, que se alteró como si todas sus escasas carnes se le fuesen a despegar de los huesos, tiembla que tiembla el hombre, mientras me quería preguntar qué había pasado, sin que las palabras le salieran en orden de aquella boca trabada. Luego, después de lavada aquella cara herida, vimos que no era para desesperarse, pues la sangre le caía de una ceja y de un labio, pero sin que las heridas fuesen graves.

No era aquello lo de lo sombra negra y fría. Ojalá hubiese sido. Eso y lo tuyo con Luisa, las dos cosas juntas. Porque entonces nada, entonces a vivir todos, con remiendos en la cara uno, con vergüenzas por deshonestidades otro, con suspiros y quebraderos de cabeza los padres; pero a vivir, a vivir todos, ya que lo del mal presentimiento era cosa de muerte, de una muerte: de tu muerte.

Lo comprendí cuando anunciaste que te ibas a Alemania. Me dije que eso era, precisamente, el estar como a punto de caerme siempre por aquel precipicio de los malos sueños. Eso era, Juan. Nos tendrías que decir que te ibas, Te irías, y... Eso era, sí. Porque, mira, te fuiste y... Ya ves: mis presentimientos eran por algo, los sueños encerraban su misterio, su negra verdad. Te fuiste... Por eso me rozaba todos los días aquella sombra fría, aquella negra mancha de luto. Por eso...

XXVIII

...Nada más que por eso, porque tú te irías a ese país de donde te he sacado muerto. Ahora estamos en todo lo hondo, caídos por completo. Habíamos subido poco a poco, y yo tenía miedo. Y ahora, ya ves, desde todo lo alto de nuestro humilde camino, una mano siniestra nos ha empujado.

No sé cuántas horas han pasado desde que nos dejó Angel. Voy a tu lado. He ido recordando muchas cosas de nuestra vida. Luego he extendido las manos sobre la cruz y he entornado los ojos. Entonces no llegaba a saber si iba en vehículo, si estaba parada o si había muerto. Creo que he bajado, no sé dónde, para tomar un café y una aspirina. Los hombres me han dicho palabras que nada significan para mí. Luego hemos continuado. Se fue la luz del día, vinieron las sombras, y para mí no existen carreteras ni caminos. Rodamos por la noche, bajo un cielo nuboso, y parece que nos acercamos a la boca negra de un mundo enormemente oscuro y frío. He oído hablar a los hombres, luego el ronroneo del motor, y nada más. He querido pensar, recordar algo nuevo, siéndome imposible ya. Toda nuestra vida se me había escapado, sin apenas despegar los labios, dejándola ante este ataud, como si tus manos, blancas y frías, cruzadas sobre el pecho, pudieran tocar, otra vez, esa vida inútil. Después...

Me ha parecido que nos deteníamos. No sabía dónde. Tampoco sabía la hora. Mi reloj lleva varios días parado. Diría que mi reloj estuvo funcionando hasta el instante en que tu corazón dejó de latir. Entonces se detuvo y ha seguido parado. No le importa contar el tiempo ya, ese tiempo que siempre ha contado para mí. Poco podían importarme ya las horas, los días, la vida incluso. Mis horas serían como de noches sin fin, horas largas, horas frías, con ecos de pajarracos negros que me rondarían, alargando sus garras, deseosos de atrapar carne de desgraciados. ¿Para qué darle cuerda al reloj? Ahora nos hemos detenido. Han abierto la puerta. No me muevo, las manos sobre la cruz, la cual he ido poco a poco calentando con el roce de mi carne vieja. Tiran de mí después. Es absurdo que tiren, que intenten bajarme. Detrás de mí irá el ataúd. Lo comprenden. Por eso me piden el bolso para sacar los papeles y dinero. Ahí, a dos metros, hablan nuestra lengua. La oigo, pero apenas si me conmuevo. ¿Quieres creer que me parece tan extraña como la de los alemanes? Han venido los carabineros. Y del furgón sacan el ataúd. Nos llevan a una habitación muy fría. Yo he ido con las manos sobre la cruz, en el vehículo, y luego al bajar, como si quisiera protegerla y protegerte a ti de algo, no sé de qué inútiles peligros. Después, los hombres que nos han conducido hasta aquí, han tomado un puñado de billetes (de marcos, de los que me dieron tus compañeros de la fábrica), me han estrechado la mano, haciendo una leve reverencia, y se han ido. No sé si han puesto cara de pena. No les he mirado. He visto solamente sus manos, rubias y grandes, que han apretado mucho las mías, casi hasta hacerme daño. El temblor de mis dedos ha rebotado unos momentos bajo la presión de esas manazas rojizas. Luego, el temblor ha continuado.

Se han ido los hombres que nos han traído hasta aquí. El ruido de la furgoneta se ha mezclado con el ruido de otros vehículos. Nos hemos quedado solos. Yo no pienso ya. Ni siquiera en tu padre puedo pensar. Vienen los altos funcionarios de la Aduana. Hablan, quieren que yo les hable también. Les doy el bolso para que miren otra vez, si quieren, los papeles, para que tomen dinero, si es que lo hay y lo necesitan. Les muestro luego mis manos, sin palabras, para después, y sin proponérmelo siquiera, decir tu nombre. Entonces se me quedan mirando, para mirar después hacia el ataúd. Se ofrecen, después, con palabra torpe, para lo que puedan servirme. No sé qué decirles. Veo sus piernas, sus pies bien calzados. No veo sus rostros. Es un bosque de piernas forradas con recios pantalones. Se mueven esos troncos de carne con corteza de tela, se mueven los zapatos. Van y vienen, esos y otros hombres. Dice uno que tenemos que esperar. Bien podía mirar, siquiera, la cara de ese uno, del que ha hablado. También, añade, puedo irme sola, si quiero.

Ahora no podría verle la cara, con esas ganas de escupirle que me han entrado. ¿Está loco acaso? ¿Ha creído que podría dejarte? Hablo al fin. Pero no sé lo que digo. Pienso también. Pienso en tu padre. Y entonces les digo que él vendrá con dinero, y con otro papel, si es necesario ese otro papel. Y traerá, también, sellos, muchos sellos y muchas pólizas. Y muchos documentos de identidad. Y entonces te llevaremos. Ahora, ¿qué? A lo mejor me miran. ¿Y si escupo? No vale la pena. Nos dejan solos. Entonces yo quiero ver, de pronto, nuevamente el bosque de piernas, los zapatos que se movían, y sólo veo la sombra de un perro que pasa junto a la puerta de cristales, por el frío de la noche. Intento ver las cosas con más claridad, pero se me cierran los ojos y siento mareo. Al fin puedo pronunciar la palabra teléfono, y vienen para acompañarme a un despacho. Luego, después de no sé cuánto tiempo, oigo la voz de Pepi, entre repentinos sollozos, y al instante es Rafael quien habla. Decía no sé qué de tus hermanos, que están allí, con ellos, y yo pronuncio el nombre de tu padre, informándome él de que ya salió. Luego no le oigo bien, algo así como un viento frío metiéndose por el hilo telefónico. Dejo el aparato, mirándolo un instante, y luego, junto a los hombres, vuelvo donde tú estás, y entonces me digo que padre viene, que pronto estará aquí. No enciendo ningún cirio ni mariposa. Lo esperaré así, sin una llama que caliente tu muerte fría. No pronunciaré una sola palabra. Los ojos se me cierran. Pepi lloraba, fíjate. Cuando lleguemos... Yo no lloraré en mucho tiempo. Tal vez ni cuando él se me acerque, con su cara hecha huesos, para abrazarme con temblor de tristeza. Tengo las manos de nuevo sobre esta madera que cubre tu cuerpo, y respiro hondo porque los hombres se han ido y solamente el perro se pasea más allá del cristal, por el frío del descampado. Acaricio esta madera, ya ves, como si fuera la piel caliente de tu cuerpo vivo. No levanto la cabeza. El perro aúlla ahí fuera, hondo, como si se quejara. Un hombre, después, debe de haberle dado una patada. El hombre entra aquí. Podría escupir sobre sus zapatos. Un descanso, un respiro, y una caricia al perro que lloraba. Eso sería mi escupitajo. Yo...

No, cuando él se acerque ni siquiera me moveré. Vendrá poco a poco, pálido, temblón, con veinte años más sobre su vejez prematura, y yo permaneceré quieta, quieta, completamente inmóvil, y él seguirá acercándose, y cuando al fin diga: «¡María!», y luego: «¡Juan!», y se eche sobre el ataúd, y más tarde me abrace a mí, comprenderá que nada tocan sus manos, que no palpan sino un cuerpo que es niebla, que es nube, que es viento frío, todo apretado dentro de esa caja, y otro cuerpo, éste mío, que no será sino ceniza, un pequeño montón de ceniza muerta, los restos inútiles de una mujer quemada.

Valencia, octubre de 1964 - mayo de 1965.